U0666589

核心素养导向的美术大单元作业设计案例

主编◎胡泊 黄丽丽

海峡出版发行集团
THE STRAITS PUBLISHING & DISTRIBUTING GROUP
福建教育出版社

图书在版编目（CIP）数据

核心素养导向的美术大单元作业设计案例/胡泊，黄丽丽主编．—福州：福建教育出版社，2022.11（2023.5重印）
ISBN 978-7-5334-9424-7

Ⅰ.①核… Ⅱ.①胡… ②黄… Ⅲ.①美术课—学生作业—教学设计—教案（教育）—中小学 Ⅳ.①G633.955.2

中国版本图书馆CIP数据核字（2022）第103788号

Hexin Suyang Daoxiang De Meishu Da Danyuan Zuoye Sheji Anli

核心素养导向的美术大单元作业设计案例

主编 胡泊 黄丽丽

出版发行 福建教育出版社
（福州市梦山路27号 邮编：350025 网址：www.fep.com.cn
编辑部电话：0591-83781433 83786912
发行部电话：0591-83721876 87115073 010-62024258）
出 版 人 江金辉
印 刷 福建省地质印刷厂
（福州市金山工业区 邮编：350011）
开 本 890毫米×1240毫米 1/16
印 张 11.5
字 数 251千字
版 次 2022年11月第1版 2023年5月第3次印刷
书 号 ISBN 978-7-5334-9424-7
定 价 48.00元

前 言

党的十八届三中全会作出的《中共中央关于全面深化改革若干重大问题的决定》对“深化教育领域综合改革”进行了战略部署，其中，明确要求“改进美育教学，提高学生审美和人文素养”。福建省要如何进一步深入贯彻落实中央关于美育工作的决策部署、全面落实“双减”政策、促进城乡教育优质均衡发展、构建德智体美劳全面育人体系，提升学生审美和人文素养，推进基础教育高质量发展？我反复思考这些问题。

追寻真正的美育几十年，终于在一所乡村学校发现，让我兴奋不已。一位乡村美术老师，他不仅仅教孩子画画，更能体察孩子的心灵，以“美”润泽孩子的心灵。他告诉我们，只有谦虚地做一个倾听者，才能让孩子吐露真实的心声；他告诉我们，教师的职责不是按照自己的意志教会学生表达，而是注重孩子内在情感的抒发及创造力的培养，想方设法放飞孩子的想象力，让孩子们找到自由地表达自我的方式。这才是艺术，这才是美育，这才是教育！因此，“双减”背景下，提升美育质量，就要在薄弱处下功夫，在各环节用心打磨，建立一支力量充足、热爱美育工作的教师队伍，用心规划好每一堂美育课，设计好每一份美育作业，科学地回答“孩子们学什么、怎么学、学到什么程度、用什么样的方式巩固学习的效果”等一系列问题，让孩子们尽情地感受自然美、探索艺术美、追求人文美，做到学在其中、美在其里、乐在其间。

福建省普通教育教学研究室组织的全省中小学美术作业设计评选活动，在这方面做了诸多有益的尝试。本书凝聚了福建省各地教研员、名师工作室成员、学科带头人、优秀骨干教师及福建师范大学美育专家团队的心血，它不仅为美术教师深入研究如何设置课堂情境化问题提供了可资借鉴的资料，而且为今后美术教学作业质量评价体系的完善提供了范例。大家在学习借鉴的同时，还可结合个性化教育理念或教学方法，着眼提升学生内在审美感知能力，为缩小城乡美育差距，推动新时代美育高质量发展贡献自己的教育智慧和力量。

美育是一种刚需，是最重要、最基础的人生观教育，对人格的完善、精神境界的丰沛、社会文明的进步有着不可替代的作用。福建省将继续深化学校美育改革，紧紧围绕落实立德树人根本任务，开足开好美育课程，优化资源配置，健全评价体系，完善管理机制，努力提升学生审美和人文素养，奏响新时代以美育人新华章！

李 迅

（作者系福建省委教育工委、福建省教育厅一级巡视员）

目录

小学组

初中组

高中组

序一

基于核心素养的大单元作业设计研究

◎胡 泊

 作业改革的背景与现状

作业是学校教育教学管理工作的重要环节，是课堂教学活动的必要补充。2019年，中共中央国务院颁发的《关于深化教育教学改革全面提高义务教育质量的意见》首次指出，促进学生完成好基础性作业，强化实践性作业，探索弹性作业和跨学科作业，不断提高作业设计质量，明确了对作业的系统分类，鼓励作业多元化，强调对教师设计作业的能力要求。2021年，中共中央办公厅、国务院办公厅出台了《关于进一步减轻义务教育阶段学生作业负担和校外培训负担的意见》，进一步对作业的数量、难度、质量与形式等方面提出新规范。提高作业的质量，已经成为提升教学质量的重要抓手。作业在反映教学内容及难度的同时，同样是一种对教师教学设计能力与知识理解力、创造力的直观体现。无论是作业设计还是教学，都要从根本上改进结果评价，强化过程评价，探索增值评价，健全综合评价。

目前作业设计的现状，存在着如作业设计质量不高、实施效果不理想、学生完成作业兴趣不高等问题，导致作业的设计、布置与最终的教学效果出现脱节的情况。由于作业是教师实践最多，但研究相对较少的领域，大多数研究着眼于调查学生怎样完成作业，完成作业的时间是否影响学生在学校的成绩。然而，完成作业的过程是从教师开始的，教师会选择主题和内容来帮助学生达到特定的学习目标，因此，教师不仅要布置简单的作业，还要科学地设计作业。设计作业需要教师考虑作业的目的、形式和其他因素，这些因素会吸引学生并帮助学生提高学习能力和水平。作业的设计不仅反映了教师对课程的认知，也反映了他们对学生的技能、能力和需求以及学生特点的理解，因此作业设计质量和作业实施效果已经成为衡量课程改革成效的重要指标。“双减”的目的是建设高质量教育体系，而不是降低对教育的要求。提高作业设计质量，不能给学生布置机械、无效的作业和重复性作业，“双减”的这些要求在一定程度上为教师提供了对未来作业的探索方向。同时，也标志着教育教学从外在的规模发展转向内在的质量发展；教学形式和教学内容从粗放的灌输向精细的打磨转变；不同年龄阶段、不同学科的作业从单一同质转向多元特色；评价的方式从模仿向创新发展。“双减”的要求，推动着教育工作

者对作业的认知和定位进行不断的思考与创新。

 对作业认知的转变

作业在某种程度上是工业体系下衍生出的一个词语，代表了工业生产的一个环节。作业对应的英文是“operation”，指一种基于图纸的操作行为，将其引申到教学中就是首先有了教学活动，然后再为教学的实现或巩固设计一系列的练习。久而久之，作业的存在就依托于教学知识，逐渐发展成为教学检验的方式之一。单纯为了巩固教学而布置的作业具有以下三个特征：（1）停留在理论或抽象的运算层面；（2）和生活联系不紧密，只是书本知识；（3）沦为教学的结果证明或验证。传统意义上的作业脱离了有效的教学循环，逐渐成为教师完成教学任务后采用的形式化工具和手段，与课程目标、课程评价甚至课程计划产生疏离，不利于教师的教学及学生的综合素质培养。随着时代的发展，作业将从以教材为中心的作业设计观向基于课程目标的作业设计观转变，改变目前对作业的认知，形成相对完善和先进的作业观。

图 1　作业的认知关系图

（一）作业是课程的一部分

教师在进行单元课程设计时，应考虑到课程目标（学生应该学习什么）、教学方法（如何实现目标）和衡量目标实现程度的方法（随堂测试、作业等）。作业逐步成为课程的一部分，一方面可以对课堂教学提供有效的调整支撑，教师通过设计作业来加深学生对所学课程知识的理解，或让学生练习一项技能，从而在另一方面满足学生的个人需求。完善的课程体系应以最终的学习结果为导向，教师在进行作业设计时需要思考：设计本项作业的目的是什么，如何规划作业的数量，布置作业的效率有多高，学生在作业上需要花多少时间，完成作业后能收获什么知识，是否需要家长的帮助才能够完成家庭作业等问题，这些与课程内容和能力指向目标息息相关。作业应该让学生看到学习的目的和要实现的目标，课程的目标对于指导学生的思想和活动至关重要。作业的另一个功能是培养学生的综合素质，教师布置的作业可以帮助学生制订学习时间表、学会管理时间、掌握各项学习技能。

（二）作业是评估的一部分

作业不再是单一的教材练习题，而是通过对标国家课程标准，对标具体学龄和对标学科评价纳入综合评估之中。作业是一种形成性评估，体现了学生的学习态度、学习参与度、能力素养，是一种纠正并反馈的形式。学生完成作业时，也是在完成自我评估。自我评估的目的是帮

助学生确定在学习活动中的优势和劣势领域，以改进和促进学生实现自我监管。自我监管是学生监控和管理自己学习的手段。研究表明，自我调节和学生成绩密切相关：设定目标、制订灵活计划以实现目标并监控其进度的学生往往比没有目标的学生在学校学到更多，做得更好。自我评估是自我监管的一个关键要素，它涉及对任务目标的认识并检查一个人在实现这些目标方面取得的进展。作业评估的有效性需要技能的融合，并让学生的内在兴趣和动力与认知结果相匹配，当学生参与到作业评估中，他们会更好地控制自己的学习，对自我效能和动力的积极影响会促进学生的学习。对于美术学科而言，作业不止包含绘画作品，还可以包含思考创作时的课堂日志、小组讨论的头脑风暴及思维导图、针对作品所书写的作品说明等。作业的评估形式可以充分发挥学生的主体地位，通过批判性思考、小组艺术反思的方法令学生参与到自我评估与他人评估之中，进一步明确所对应的目标标准，使评价指向素养目标，基于各学段的培养水平，推动作业与评价的有效结合。

（三）作业是学习的一部分

学生完成作业的过程并非是机械性与重复性的，教师在设计作业时应充分调动学生的元认知技能。元认知技能比组织技能更抽象，但同样重要。掌握元认知的学生可以反思自己的学习，培养学习者的自觉意识，并制订自己的学习目标。由于传统课程通常不包括元认知活动，许多学生没有学习如何利用他们的学习来培养自我效能。教育工作者可以通过精心设计的作业来发展学生的元认知技能，如在作业中添加反思性写作、学习组合以及与兴趣爱好相关的实践活动。作业可以对学生设定学习目标的能力产生积极影响，为学生提供对学习的控制权，并为教师提供区分教学难度与进度的机会，以更好地满足学生的学习需求。作业可以采取学习计划的形式，为学生在特定日期和特定时间开展的活动提供选择。此外，还为学生提供他们需要完成什么任务的指导，并给予学生帮助，构建“目标—课程—教学—作业”相统一的教学学习活动。

（四）作业认知转变的特征

基于对作业认知的转变，作业已经和课程、评价和发展密不可分，其转变具有多元化与多样化的特征。作业的多元化指打破单一的学科文化壁垒，将知识进行学科之间与学习环境的迁移，增强学生对所学知识的理解；帮助学生在获取内容知识的基础上，作为学习主体进行知识转移，从学校转移到日常环境是作业的最终目的。学生在学习《颐和园》这一课程时，教师可布置与颐和园建筑风格、历史渊源、传统文化等相关的作业为学生提供多元化的选择，将文学与建筑学、历史、艺术等学科进行关联，将课内知识进行迁移，思考文章的

图2　作业认知转变内容

观察方式与其他学科知识在当代社会的运用价值，使作业与日常生活环境的要求保持一致。作业是帮助学习者选择、适应解决问题并促进转移的一种方式，同时也兼具灵活性。作业的多样化指其形式不拘泥于传统题目和纸质试卷形式，突出强调学生在完成作业时个人参与的重要性。作业在课堂之外是有意义的，具有实用性的。教师在设计作业时利用形式多样的作业任务，鼓励学生利用已有的学习经验解决真正的问题，与更多学科或生活建立联系。提供多样化的作业选择可以帮助学生培养更加个性化的创造力和控制力，如鼓励学生运用新媒体记录所在地区的变化，以采访的形式收集不同人群的看法。将作业的内容进行分层化设计，依据不同的年龄水平及培养目标提供多样的作业形式，引导学生对知识和社会进行深层认识。

三 艺术核心素养导向的美术作业设计理论思路与方法

核心素养本位的美术教学，重点强调以现实情境为出发点，以人为本地建立人与自然、人与自我和人与社会之间的密切关联，以自主、合作、综合探究等方式获取知识与技能，逐渐形成以设计思维、创造性思维为代表的艺术思维。美术教师根据现实创设问题情境，学生在探索过程中获取知识与技能，并在创造过程中不断反思和修改：这是艺术核心素养导向的教学的基本特征。依据艺术核心素养导向的基本特征，美术教师应围绕整合多元知识和美术技能的主题，进行项目性的单元课程设计，从而充分调动学生已掌握的知识和技能，与新知识建立关联，促进深度理解，以任务驱动的方式令学生聚焦审美感知、艺术表现、创意实践和文化理解等艺术核心素养。

审美感知
理解内容、思想、方法
感知主题、情感、形式
讨论概念、创作、思路

文化理解
反思艺术作品与表达方式
分享心得和理解
素养艺术素养、综合素养

艺术表现
分析创作方法
应用综合知识技能
展示作品

创意实践
创作艺术作品
实践创新方式
评价自我评价、教师过程性评价

审美感知 文化理解 艺术表现 创意实践

图3　基于艺术核心素养的美术作业设计要素

设计美术作业应以单元为单位，包含一个或多个与完成一个长期项目相关的学习任务。所设计的美术作业有助于学生回顾已获取的知识和掌握的技能，并在完成作业的过程中产生对单元主题新的理解，如提高对美术和设计原则的理解，发展创作时的动手能力和思维能力以及审美理解的增长等。保持日常美术教学与作业效果的一致，对优化学生的学习至关重要，美术教师应该了解单元教学内容与作业效果之间的关系，以及学生在完成不同作业的过程与效果间的关系。教师应定期反思单元作业计划对学生长期发展目标的影响，并根据需要进行中期调整。在设计美术作业时，教师可对以下方法进行思考和运用。

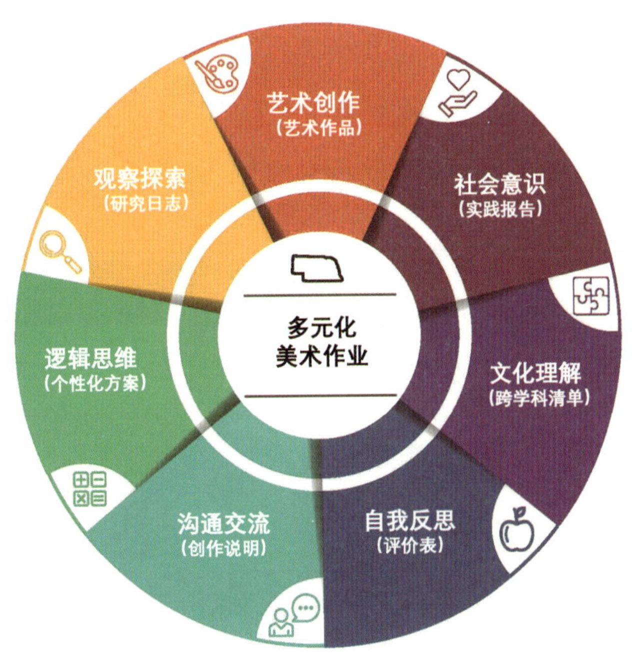

图 4　多元化美术作业

1. 在作业中确定 3 ~ 5 个主题，作为固定年级和课程的重点。例如，大多数美术课程都与可持续发展、地区文化、艺术目的、特定类型的问题解决等有关联，作业设计要与课程内容和主题相呼应。

2. 根据课程标准及素养要求，为每个年级制订一年的美术作业计划，如美术写作和作品档案袋完成目标，包括不同类型的美术课程作业和作业的时间分配。

3. 让学生了解部分作业计划，并在一些方面征求他们的意见。

4. 选择主题和单元作业计划，注重对学生的思维能力、创造力及艺术鉴赏力的培育。

5. 制定不同的作业类型评估标准，包括学生对其作业的自我评价。

四　艺术核心素养导向的美术作业设计三要点

（一）基于一个单元的作业设计

艺术核心素养导向的美术作业设计要具备完整性和递进性，就要以单元化的思维进行统一整合。作业作为艺术课程和教学的一部分，要进行细致的设计：各个课时的作业不再是独立存在，而是在内容和技能方法上有内在的联系，充分帮助学生调动目前所掌握的知识技能来学习新的知识，作业难度根据课程的难度呈螺旋式上升趋势，最终，学生在完成单元作业及单元学习反思时能够将前几节课时的作业与认知联系起来。单元化的作业设计利用紧凑的课程内容与学习任务，最大程度地促进学生思考能力的提高。

（二）采用两种作业评价方法

美术作业关注创作过程中思维的变化和个人情感的表达，最终呈现的美术作品是思维结合技法与情感综合认知的产物。对于美术作业的评价，应该采取过程性评价和终结性评价两种评价方法。基于过程性的美术作业评价，考查学生在完成前和完成过程中对主题的理解和对知识的了解程度，具体表现为：在课堂中问答问题的情况，小组讨论中个人看法的表达，正式作品前的研究日志或草稿等。教师可依据这些基于过程的学习证据来考查学生思维方式和认知的变化。终结性评价原则是直观地根据学生最终所创作的美术作品来考查学生对于艺术知识和技能技法的掌握情况，但最终形成的作品是经过思维和创作方式不断变化的，所以，教师不能单纯依据最终的作品来评价学生，而是应该将过程性评价和终结性评价相结合，评价学生对知识与技能的掌握情况以及艺术素养能力的养成情况。

（三）符合核心素养导向的三类作业形式

根据艺术核心素养导向的要求和指标，美术作业可以分为以下三种形式：

1.创作实践类美术作业。

创作实践类美术作业，要求学生能够运用课程学习和单元学习的艺术知识与技能，在观察、探索、表达的基础上，造型准确，形式多样，色彩丰富；能够对主题产生独特的认知，能够选择恰当的情感表达方式，并且在绘画方式的选择上能够做到多元化与多样化。

2.鉴赏类美术作业。

鉴赏类美术作业对于学生的艺术素养要求较高，包括对单纯图像画面信息的观察能力、分析能力、概括能力与想象能力，对艺术作品中的艺术知识横向对比和纵向发展的了解，对其所处的社会历史环境和所产生的影响的清晰定位。鉴赏类美术作业可以包括美术写作与美术批评，最大程度上发挥学生的个人理解力与认知水平。

3.综合探究类美术作业。

综合探究类美术作业立足于主题或大概念，引导学生进行跨学科甚至超学科的学习。学生的思维不再局限于美术，而是能够跳出美术，站在统整的概念下看待自我、社会和自然。综合探究类的作业可以运用调查报告、志愿活动及大数据分析等现代教育技术来进行呈现，学生在完成作业的同时，进一步加深了个人对世界的认识，这时的作业已经不再是“作业”，而是一种通过实践产生的认知方式。

美术作业是学生对生活认知的呈现，具有特殊性，带有他们的个人审美情趣与年龄特征，同时也能反映学生对上课内容的认知程度，直观地反映教学效果。美术作业的设计，基于图像意识与视觉思维，通过构成图像思维和文化理解，形成本学科多元的作业形式。现在的美术作业不再是传统的单纯绘画作品，而是基于单元化教学，要求作业目标与课程目标相匹配，作业实践提供多样化选择，作业难度符合学龄段发展水平，作业类型丰富多样，根据个体情况体现作业差异性与结构性，达到美术与文化、社会和自我能力发展融合的新的作业形式。

	学期	□1		□2	
	学段	□第一学段	□第二学段	□第三学段	□第四学段
	艺术核心素养	审美感知 艺术表现 创意实践 文化理解			

单元主题课程分析	主题课程作业设计
单元主题/大概念： 单元主题课程目标： 单元主题课程教材： 单元主题课程学情：	单元作业主题： 单元作业内容： 单元作业形式： 单元作业时长：

作业设计要素			
审美感知	艺术表现	创意实践	文化理解
· 理解内容、思想、方法 · 感知主题、情感、形式 · 讨论概念、创作、思路	· 分析创作方法 · 应用综合知识技能 · 展示作品	· 创作艺术作品 · 实践创新方式 · 评价自我评价、教师过程性评价	· 反思艺术作品与表达方式 · 分享心得和理解 · 素养艺术素养、综合素养
教师评价作业： · 过程性评价（研究日志） · 课堂思考及回答 · 小组讨论 · 终结性效果		学生评价作业： · 自我评价（知识技能） · 反思（创新与不足） · 组内评价	

单元主题课程目标、评价与作业相统一 ——学生艺术素养和艺术思维的培养		
课时一作业	课时二作业	课时三作业
各课时作业与单元作业间的关系		

评价形式	评价内容	评价时间及方法	评价工具
过程性评价			
· 艺术观念及应用 · 艺术思维与创新 · 艺术探究与实践 · 艺术态度与价值观	课时一 审美感知 艺术表现 创意实践 文化理解	课程讨论环节 小组讨论 课堂问答 创作草稿	教师课堂观察 研究日志
终结性评价			
· 艺术观念及应用 · 艺术思维与创新 · 艺术探究与实践 · 艺术态度与价值观	课时二/三/四 审美感知 艺术表现 创意实践 文化理解	课程创作环节 研究日志 艺术知识的掌握 工具、技法的使用	教师评价表 自评表 课堂照片纪实 创作说明 艺术写作
· 艺术观念及应用 · 艺术思维与创新 · 艺术探究与实践 · 艺术态度与价值观	单元回顾作业 审美感知 艺术表现 创意实践 文化理解	单元复习反思环节 作品创作和情感表达 个人认知 艺术批评与反思	

表 1　艺术核心素养导向的美术作业设计框架

五 总结

“双减”背景下的教育改革推动教育教学工作的进步，教师应立足于大单元课程视角，突破单一学科能力培养局限，以跨学科的素质能力和单元学习目标为驱动布置作业。将作业设计融入课程设计，成为教学活动的一部分，既帮助教师进行教学总结，又利用作业对学生的学习情况进行合理评价，让作业与学生的学习活动深度融合。

序二

开展美术作业设计研究　提升教师作业设计能力

◎ 黄丽丽

 举办美术作业设计评选活动的初衷

2020年是极不寻常的一年。新年伊始，福建各地便卷入世界性的抗疫斗争，这给我们的教研工作带来前所未有的影响和挑战。如何结合美术学科特色，精准高效地解决中小学美术课堂教学中存在的问题，提高学生美术创作表现等问题摆在了我们面前。因此，我们必须主动提高政治站位，充分发挥福建教研先锋模范作用，服务抗疫期间教学大局。基于此，福建省普通教育教学研究室启动了“2020年福建省中小学作业设计评选活动”，希望广大美术教师在居家教学中结合线上网课和“空中课堂”，加强对美术作业的设计研究，创新作业呈现方式，提升作业设计水平，引领正确的作业评价方向，不断深化美术学科教学改革，培养学生核心素养，而这一初衷也和2021年7月国家“双减”政策出台后的教学要求相适应。

二 实施美术作业设计评选活动的重点

省级层面组织的美术作业设计评选活动之前从未举办过，在居家学习、线上教学这一背景下，老师们虽然有了更多思考问题的空间，但也有许多设想无法实现，这既是机遇也是挑战，更提出学科精准化教学的要求。首次举办的作业设计评选活动应从怎样的维度切入？在内容的选择上，根据国家颁布的义务教育、普通高中课程设置方案规定的美术学科教学内容，各地从福建省公布的《福建省中小学教学用书目录》中选用相应版本的教材；作业设计内容为单元作业设计，依据美术学科的表现性特点，以活动类作业设计方式参加展评。

活动类大单元美术作业设计的评价要点是本次评选的关键。依据我省中小学美术课堂教学实际，考虑各地市存在的师资、设备、教学等方面的不平衡性问题，把目标精准落实到“政治性、科学性、规范性、情境性”四个方面。

政治性：全面贯彻党的教育方针，突出立德树人根本任务，全面体现社会主义核心价值观的深刻内涵，教育引导学生坚定理想信念、厚植爱国主义情怀、加强品德修养、增长知识见解、培养奋斗精神、增强综合素质，提高欣赏美、表现美、创造美等方面的能力；评选活动紧紧围

绕《义务教育美术课程标准（2011年版）》和《普通高中美术课程标准（2017年版2020年修订）》，并按照福建省教育厅颁布的《福建省义务教育美术学科教学指导意见》等有关文件精神组织开展，对标中国学生发展核心素养。

科学性：以“深度学习”理论和“多元智能”理念为指导，遵循美术学科特点和教学规律，重视培养学生的学科核心素养，突出能力培养导向。作业设计应根据不同年龄段学生的身心发展水平，与教学内容有机结合，凸显教学内容的重难点，突出艺术性和科学性的融合。同时，作业设计的科学性还应体现在，培养学生具备创新、积极、乐观、坚强、善良、热爱的品质，涵养人文精神、提升修养和审美品位，帮助学生学会与自己、他人、自然以及社会和谐相处。

情境性：大单元美术活动素材应贴近学生，体现课程生活化。依据课标“在广泛的文化情境中认识美术”的建议，作业的问题情境设置应具有科学性、真实性和综合性。通过创设有效合理的问题情境，学生能综合运用关键知识和技能明确问题、分析问题和解决问题，并适当强调体验性、趣味性和参与性，注重知识和技能、认知和情感的统一协调性。

规范性：作业设计要具有原创特色，而且形式要规范。大单元活动实践性作业设计结构应简洁明了，描述准确恰当，条理清晰，学生易于操作。根据教材内容，进行校本化改编的应注明原始参考资料，每份美术作业应适当包括课前、课中和课后的任务。单元作业需说明设计意图和特点，并附上配套的教学设计、相关图片和参考资料。

三 开展美术作业设计评选活动的亮点

（一）开展该活动的政策依据

2019年6月，中共中央、国务院印发《关于深化教育教学改革全面提高义务教育质量的意见》，文件中指出的“促进学生完成好基础性作业，强化实践性作业，探索弹性作业和跨学科作业，不断提高作业设计质量”，对中小学生作业质量有了明确的定位，不仅让一线教师对美术作业的系统分类和多元化呈现方式有了进一步理解，也为此次活动强调体现教师作业设计能力的要求提供了政策依据。

（二）落实学科核心素养目标

因2020年仍在实行《义务教育美术课程标准（2011年版）》，修订中的义教新课标尚未公布，故将单元作业设计中的课程目标与学科核心素养要求相结合，将审美感知、艺术表现、创意实践、文化理解四个维度的核心素养目标，逐一细化为单元课时课程目标。在教材和学情分析基础上实施大单元的作业设计，统整单元内不同课题、不同课时、不同层次的综合性练习及单元作品创作，并以学科融合理念创新美育形式，构建学生认知成长体系，帮助学生形成多元的艺术思维。

（三）凝结省市教研智慧

受疫情影响，各地教研部门居家线上办公，大家虽不能线下开会做细致研讨，但各地教研员在线上积极献计献策。他们分小组通过“钉钉在线”召集当地区级教研员和骨干教师研究可行性方案，我们再通过腾讯会议和教研QQ群及时沟通，汇总一线教师反馈的重点环节，解决活动类作业设计的评价指标设置问题。灵活便利的互联网似一根纽带，串起了省、市、区的教研联动机制，实现了教研重心的对点下移。

（四）汇聚名校名师力量

各地中小学美术名师工作室针对大单元作业设计评选活动的要求，认真组织本工作室骨干教师进行线上、线下学习，领会相关文本精神，积极推荐优秀教师参加评选活动。同时，调整工作室线上教学安排，帮助参评教师遴选单元课题，协助策划总体作业设计方案，共同商讨美术作品单元化呈现方式，用丰富的教学经验和丰厚的理论知识，支撑青年教师的专业成长，起到了良好的区域示范引领和辐射作用。工作室团队呈现出学有榜样、研有方向的美育新气象。

（五）拓展学科外延

以往不乏各种学科性评选活动，每次评选后未曾留下值得借鉴的宝贵资料。这次不同，我们将评选出的各地具有代表性的中小学优秀大单元美术作业设计案例结集出版。这些凝聚了各地教研员、名师工作室、学科带头人、优秀骨干教师心血的书稿，不仅为广大美术教师深入研究课堂教学和学习评价提供了可借鉴的翔实材料，也为今后教师美术作业设计能力、美术课程执行能力的提升起到了助推作用。同时，我们和福建师范大学美术学院美育中心紧密携手，由美术学院美育理论与实践研究方向的胡泊教授带领的博士和硕士研究生团队一起研磨书稿，使书稿在理论层面和框架体系上有了质性的提高与升华，拓展了学科建设的外延。

四 基于美术作业设计活动的反思与展望

2020年10月，中共中央、国务院印发《深化新时代教育评价改革总体方案》，2021年4月，教育部办公厅印发《关于加强义务教育学校作业管理的通知》，两份文件的相继出台对今后中小学美术教育教学提出了新的要求。面对新形势下教学评价方式的全面改革，提高美术学科各类别作业质量已经成为提升美术教学质量的重要抓手和有效载体。希望省级层面作业设计评选活动能以点带面，形成线上、线下灵活多样的联动机制，做实、研细、深耕，不断创新发展，多维多层地推进我省中小学生美术表现活动，有效促进美术核心素养在课堂教学中的落地生根，主动对接国家义务教育新课标和高中育人模式的新变革，为“福建教育，必强体艺”奠定坚实基础！

小学组

“色彩花园”单元作业设计

课程名称：“色彩花园”单元作业设计

教材版本：《义务教育教科书 美术 四年级下册》（浙美版）

设计教师：福州市铜盘中心小学　游智云

指导教师：福州市铜盘中心小学　林　彤

课程主题概述

（一）核心素养目标

根据《义务教育美术课程标准（2011 年版）》评价建议及《福建省小学美术学科教学指导意见》，立足美术学科核心素养培养及本单元教学目标达成，本单元作业设计从观察了解艺术家的作品入手，引导学生分析作品的艺术特点，掌握点彩画的技法以及冷暖色、渐变色的运用。通过设计小实验、课前、课中与课后的练习，帮助学生进一步理解光源、环境对色彩的影响，提高学生运用美术语言表达对作品的审美感知和审美判断等能力，学会感受世界多元文化。

单元核心素养目标	
审美感知	1. 欣赏艺术作品，观察自然及生活现象，初步了解点彩画的技法及冷暖色、渐变色的运用，感受不同环境下色彩的变化。 2. 通过对本单元的学习，举一反三，找出更多的冷暖色规律和渐变色运用方法；能够运用形式美原理对点彩派画家及作品进行感知、描述和简单的判断。
艺术表现	1. 学生学习色彩知识和点彩画技法，并运用各种工具媒材，体验不同材料的表现效果。 2. 通过看看、画画、做做等方法表现所见所闻，激发学生丰富的想象力与创作愿望，使其有意识地运用美术语言构思和利用相关题材，进行美术创作。
创意实践	1. 运用水彩颜料等媒材进行创作。在艺术学习体验的基础上，将美术与音乐等学科结合，大胆运用各种媒材，感受色彩的变化，体验美术活动带来的乐趣。 2. 在课堂实践体验的基础上，运用色彩知识和技法进行创意表现。
文化理解	1. 认识修拉、莫奈、梵高等印象派画家，从掌握点彩画技法入手，了解艺术家经典作品的艺术特色。 2. 从艺术作品中找寻色彩的表现技法，感受世界多元文化，通过各种形式参与优秀文化的传播。

（二）教材分析

色彩是最能触动儿童的心灵，并激发其创作兴趣的美术语言之一。点彩画起源于法国，是从印象派的光与色彩的原理发展而来，并以“色彩分割原理”为依据所形成的一种绘画表现形式，又被称为“点彩画法”“新印象画派”和“分色主义”。其主要利用不同的纯色点和块并列在一起形成画面。

“色彩花园”单元拟通过对法国新印象主义画家修拉的《大碗岛的塞纳河之春》、保罗·西涅克的作品《纳蒂布港》等作品的赏析，指导学生了解点彩画的主要艺术特征，体验点彩的绘画技巧，感受点彩画的形式美感。同时与《落日》《夜色》两节课相结合，引导学生进一步感受自然现象，学会发现和捕捉美的瞬间，体会美的景象，了解冷暖色、渐变色等色彩知识，并进一步开展美术创意活动。

（三）学情分析

绝大多数小学四年级学生有一定的造型表现能力，能大胆地发挥想象，表现所见所闻、所感所想，作品内容丰富，富有生活情趣，具有较好的心理品质和创新意识。在一到三年级的美术学科学习中，学生通过对《色彩大家庭》《三原色与三间色》等课程的学习，掌握了一定的色彩知识，为本单元学习打下了良好的基础。但还有部分学生基础知识不够牢固，色彩知识有所欠缺，造型表现能力有待进一步提高，期待在今后的学习中，能培养学生对色彩的敏锐感觉，提高学生的色彩表现能力，引导学生发现生活中的美好事物，树立乐观向上的生活态度。

 作业实施

（一）课前作业——亲子活动“寻找画家的秘密花园”

1. 走进经典：父母协助孩子通过线上美术馆、博物馆或美术类抖音账号（有条件可以实地参观）进行资料搜索、作品欣赏，认识点彩派画家及作品，一起探寻作品的奇妙之处，了解色彩相关知识。

2. 色彩律动：亲子游戏，运用水彩画的工具、材料即兴创作（不限色彩、线条、构图形式），感受美术表现带来的乐趣。

3. 录制视频：运用手机、相机等设备，录制孩子喜爱的活动过程，上课时与同学分享。

（二）第一课时：点彩的魔法（教材第 9 课——《奇妙的点彩》）

1. 作业目标。

认识点彩派画家乔治·修拉，了解点彩画。

2. 课前预测。

（1）点彩派的代表人物是（　　）。

A. 凡·高　　B. 莫奈　　C. 修拉　　D. 毕加索

（2）由两个原色相混合得出的色彩称为间色，三间色是（　　）。

A. 红、黄、蓝　　B. 橙、绿、紫　　C. 红、橙、绿　　D. 橙、蓝、紫

（3）色彩三要素包括色相、纯度和（　　）。

【设计意图】学生初识点彩画代表人物、色彩基本知识点，为开启本课学习做好准备。

3. 课中认知体验。

（1）以下哪一幅作品属于点彩画？（　　）

A.

B.

C.

D.

【设计意图】观察艺术作品，结合点彩画的特征，辨识点彩画。

（2）运用生活中常见的物品——纸巾为媒材，创作点彩画作品。赏析艺术家修拉的《大碗岛的星期天下午》后，孩子们学习了点点魔法，尝试运用不同的形状和色彩搭配创作作品。

① 挑选 3 ~ 4 种喜欢的颜色组合出图案。

② 将纸巾折叠若干次，用点彩法在纸巾上点画（提醒孩子须一下一下地点才不会伤害纸巾）。

③指导孩子了解点画的图形（可以是几何图形、波浪形、锯齿形）。

④ 将纸巾剪成风筝的形状，贴在风筝上进行装饰。

【设计意图】这样的作业既培养了孩子的环保意识，也让孩子们在学习过程中进一步感受色彩、构图的魅力，提高审美能力，丰富情感。

★学生作品展示：樊梦妮《快乐飞吧》

4. 课后拓展实践。

利用微信推送资料或视频连线直播，指导学生通过各种新媒体进行学习，进一步认识点彩派艺术家及其作品。学生利用本单元学习的点彩画知识，赏析一位喜爱的点彩派艺术家及其作品。（例：保罗·西涅克的《纳蒂布港》）

保罗·西涅克《纳蒂布港》

卡米耶·毕沙罗《农舍》

（三）第二课时：彩色的影子（教材第 10 课——《落日》）

1. 作业目标。

认识克劳德·莫奈；了解自然环境中，光对色彩的影响。

莫奈《干草堆》

2. 课中认知体验。

（1）下列颜色中属于冷色的是（　　）。（多选）

A. 绿色　B. 蓝色　C. 黄色　D. 紫色

（2）暖色会让你产生什么样的心理感受？（　　）

A. 清凉　B. 寒冷　C. 消极　D. 温暖

【设计意图】让学生学会辨别冷暖色，从而感知环境对色彩的影响。

（3）做个色素小实验

同学们，莫奈的草堆里住着奇妙的七彩倒影，它们也出现在我们的生活中。

人站在太阳下形成的人影，站树荫下乘凉时看到的树影，落日在水面上形成的倒影……这些影子乍一看是黑色的，其实里面存在着细微的颜色变化。

做个色素小实验，思考：影子是否是单一的黑色呢？

实验步骤：

①在透明瓶子中装入水，将瓶子置于太阳下，观察影子；

②选择喜欢的色素，分别滴入瓶子，轻轻晃动瓶子，使颜色晕开；

③在太阳底下仔细观察彩色水瓶影子的颜色（小提示：颜色不用滴太多，也尽量不要混色）；

④彩色的水瓶在阳光的照耀下，出现了各种颜色的影子。

3. 课后拓展实践：色调的象征意义与欣赏。

①鲜明的纯色调：纯色调是由纯色组成的色调，每一个色相个性鲜明，强烈的色相对比意味着年轻、充满活力与朝气。

②深沉的暗色调：在色彩中调入大量的黑色，形成浓浓的深色调，表现出深沉、坚实、冷静、庄重的气质。

……

聪明的你能举一反三，找到其它更多色调和它们的象征意义吗？

（四）第三课时：新媒材尝试——透明纸（PVC 膜）试验颜色的新衣裳（教材第 11 课——《夜色》）

1. 作业目标。

帮助学生了解凡·高，以及光照对颜色色相、明度的影响。

2. 课中认知体验。

凡·高是大家较为熟悉的艺术家，其中《向日葵》和《星月夜》最为出名。本次作业设计从《夜间的露天咖啡座》入手，学习艺术家的变色小魔法。

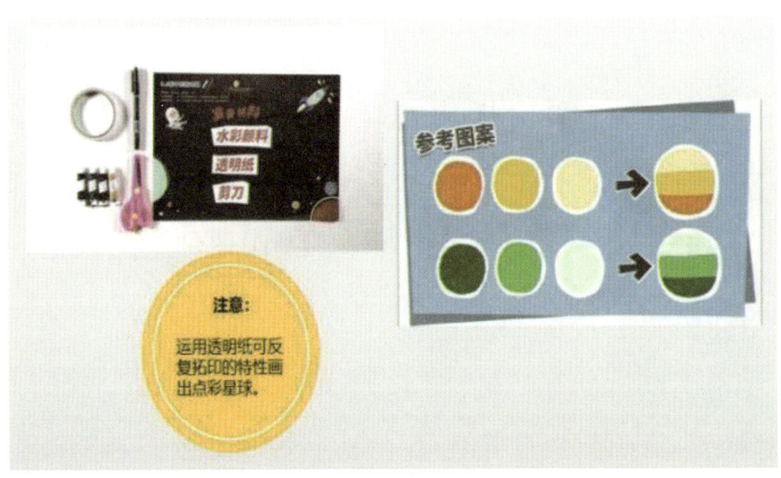

那么，我们一起利用透明纸来创作一幅奇妙的《灯光宇宙》吧。

实验步骤：

①用透明纸片画出渐变星球的圆形并剪下来；

②用白色颜料在黑色的底纸上画光源（围绕着一个点画放射性的光源）；

③选择几种渐变色并排涂在纸片上，将透明纸片拓印在黑纸上（引导学生：靠近光源的一面为亮色）；

④选择几种不同渐变色组合画星球；

⑤最后用画笔为宇宙增加一些装饰。

注意：学生可尝试选择不同明度、纯度的色彩，搭配上不同的音乐（如欢快的音乐让人联想到暖色调，舒缓的音乐让人联想到冷色调）。

3. 课后拓展实践。

色彩的实际运用：寻找“皮肤色”“水色”“白色”。

现实中的某些事物是不带颜色的，需要借助其他物体为媒介我们才能感觉它有颜色。

①寻找皮肤色。

绘画中经常用来表现皮肤的肉色实际上是一种合成色，多数是在钛白和朱红里添加黄色。同学们认真观察会发现卡通人物的肤色和真实的人物肤色不一样。

②寻找水色。

水本身是无色透明的，由于周围事物的映射，才使水拥有了可见的色彩。比如，海水的深蓝色，月光下微波荡漾的银色湖水等，我们要认真观察整体，先确定色调，再抓住局部忽隐忽现的色彩。

你能根据老师举例的“皮肤色”和“水色”寻找到“白色的雪”吗？（小提示：可以从雪与气候、日照、时间以及风土人情等的关系进行思考）

（五）单元综合练习（100 分）

1. 理解与判断。[（1）~（5）题单选，每题 2 分；（6）~（9）题多选，每题 5 分；共 30 分。]

（1）点彩画又称为（　　）。

A. 立体主义　　B. 新印象主义　　C. 写实主义　　D. 超写实主义

（2）冷色给人带来冰冷的感觉，暖色给人带来（　　）的感觉。

A. 凉爽　　B. 温暖　　C. 气愤　　D. 消极

（3）红色加黄色得到（　　）。

A. 紫色　　B. 绿色　　C. 橙色　　D. 蓝色

（4）符合彩虹的色彩描述是（　　）。

A. 渐变色　　B. 互补色　　C. 冷色　　D. 无彩色

（5）两种可以明显区分的色彩叫对比色，以下哪组是对比色？（　　）

A. 蓝—绿　　B. 红—橙　　C. 蓝—橙　　D. 蓝—紫

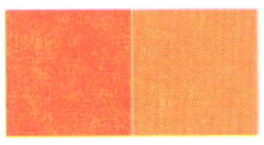

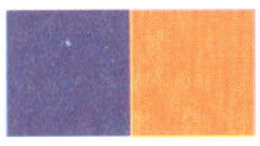

（6）冷色如蓝色，象征着森林、大海、天空，冷色使人感到（　　）。

A. 安静　　B. 沉稳　　C. 踏实　　D. 兴奋

（7）下列颜色中属于暖色的是（　　）。

A. 红色　　B. 绿色　　C. 黄色　　D. 橙色

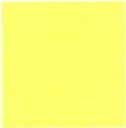

（8）邻近色就是色相相近的颜色，以下符合的选项有（　　）。

A. 绿和紫　　B. 红和橙　　C. 橙和黄　　D. 黄和绿

（9）以下哪些作品是凡・高的画作？（　　）

A.《星月夜》

B.《日出印象》

C.《夜间的咖啡厅》

D.《向日葵》

2. 欣赏与评述。

（10）请从作品表现内容、主色调及点彩画的特点等方面简要分析保罗・西涅克的作品《纳蒂布港》。（20 分）

（11）请说出《鸢尾花》的作者，并从表现内容、色彩冷暖对比等方面，对作品进行简单的赏析。（20 分）

3. 实践与创新："世界名画模仿秀"主题画展。（30 分）

（12）运用本单元学习的点彩技法及色彩知识，尝试模仿画家的经典作品。

①创作一幅美术作品。（20 分）

②给你的作品取一个合适的名称。（3 分）

③用几句话介绍你的作品。（7 分）

④举办一期"世界名画模仿秀"年段画展。

★学生作品展示

三 总结与点评

（一）课程如水，源头活水

问渠那得清如许？为有源头活水来。本单元作业设计，游老师关注课程资源的开发与利用，关注课堂内外的衔接与融通，让美术课程不仅仅停留在教材里，而是伸向更为广阔的现实生活和历史长河中。教师以学科融合理念创新美育形式，引领学生初识艺术家，感受艺术手法，认识环境对色彩的影响，认识光源对色彩的影响，尝试学习点彩派技法，运用新媒材创意表现，进行综合创作实践活动；时空运用上，通过课前课中课后、校内校外、线上线下的学习实践，引导学生从课前搜集资料、准备材料开始，到单元学习结束后展示综合成果，让自主学习、探究、表达成为孩子们主要的学习方式。

（二）思想如水，行云流水

本单元作业设计，以世界名画为引，三节课分别通过《大碗岛的星期天下午》《干草堆》《夜间的露天咖啡屋》三幅经典作品，提出引导性问题，从学生想知道些什么、学生能够做些什么入手，让孩子们在经典作品欣赏中进行艺术探索，激发想象，留下“大作”。以认识—探索—创造—感悟的艺术思维和实践活动助力学生全面发展。作业设计从颜色、光影、生活入手，层层深入，搭建学生认知体系，促进学生审美感知、艺术表现、创意实践、文化理解四个美术学科核心素养得到提升。

（三）立德如水，上善若水

蔡元培先生指出：“美育者，与智育相辅而行，以图德育之完成者也。”美是涵养品格、丰富精神的重要源泉。“色彩花园”单元作业设计，以美贯穿单元学习全过程。通过丰富学生的色彩感知及表现力，引导学生在传承与创新、观察与实践中，感受色彩的魅力，了解世界多元文化；课前亲子活动、课中认知体验、课后拓展实践、单元综合练习的作业设计形式，体现了教师在设计理念与表现媒材上的创新，可以帮助学生在今后的艺术学习与生活中形成良好的审美素养和人文精神。

（点评教师：福州铜盘中心小学　林彤）

参考文献：

［1］E.H. 贡布里希 . 艺术的故事［M］. 南宁：广西美术出版社，2008.

“画龙点睛之纸袋设计”单元作业设计

课程名称：“画龙点睛之纸袋设计”单元作业设计
教材版本：《义务教育教科书 美术 五年级上册》（人教版）
《义务教育教科书 美术 五年级下册》（人美版）
设计教师：厦门前埔南区小学 郭超琳
指导教师：厦门市教育科学院 郑杰才

 课程主题概述

（一）核心素养目标

在福建省教育科学“十三五”规划2019年立项课题“小学美育ASTCC综合探索课程建设的行动研究”的背景下，我校开展了以美育为主线、以美术课程为基础的“自然校园”单元主题式项目化课程活动。该课题活动包含了“画龙点睛之纸袋设计”单元主题课程内容，以“自然校园之凤凰木”为主题，来组织教材的结构；从“爱护家园”活动课开始，从关注身边的校园自然环境出发，在具体情境中探究与发现，创造性地运用凤凰木的果荚作为创作媒材，找到不同知识之间的关联，将刮画和纹样创作结合在一起，运用色彩、纹样、字体来进行纸袋设计，制作有特色的校园“礼物”。

单元核心素养目标	
审美感知	从关注校园中的凤凰木开始，通过收集、整理树的相关知识，成为树木调查员，加强学科渗透，拓宽学生感知美的途径；通过一系列设计、制作、展示活动，在实践中感知美；通过对新媒材的运用，拓展艺术视野，感受美术与生活、自然的联系。
艺术表现	能将色彩知识和纹样、变体美术字等装饰方法运用到纸袋的设计上；掌握纸袋的制作方法；掌握刮刻工具的使用技巧，在凤凰木的果荚上刮刻图案，制作有特色的校园“礼物”，提高艺术表现力。
创意实践	完成任务单中对树的调查和研讨；学习运用夸张、变形、省略等方法对纹样和文字进行装饰和设计；收集凤凰木果荚进行刮刻纹样的尝试；学习折纸袋的技法并运用色彩、纹样、字体对纸袋进行设计、制作，将创意转化为具体成果。
文化理解	通过探究厦门市树——凤凰木的美，引导学生关注自然生态，培养学生对家乡的热爱之情；通过“做中学”——学习折纸袋、设计纸袋、捡拾清理凤凰木果荚、完成刮刻作品，让学生感受收获劳动成果的成就感与幸福感，体会美术表现的多样性及其对社会生活的独特贡献，逐渐形成环境意识、社会意识和生命意识。

（二）教材分析

五年级上册“画龙点睛之纸袋设计”单元主题课程内容包含人教版《爱护家园》《色彩的对比》《色彩的和谐》《美丽的纹样》《趣味文字》《画龙点睛》《快乐刮画》和人美版《提袋的设计》八课。本单元在课程资源的开发上充分运用了学校资源和自然资源，对自然材料的运用也体现了环保、便利、节约的原则，让学生了解自然万物都可以成为创作灵感，生活随处都有创作素材。通过“智与美”的知识学习，“体与劳”的实际操作体验，“德与美”的熏陶教育，培养学生爱校园、爱家乡、爱护环境的情感。

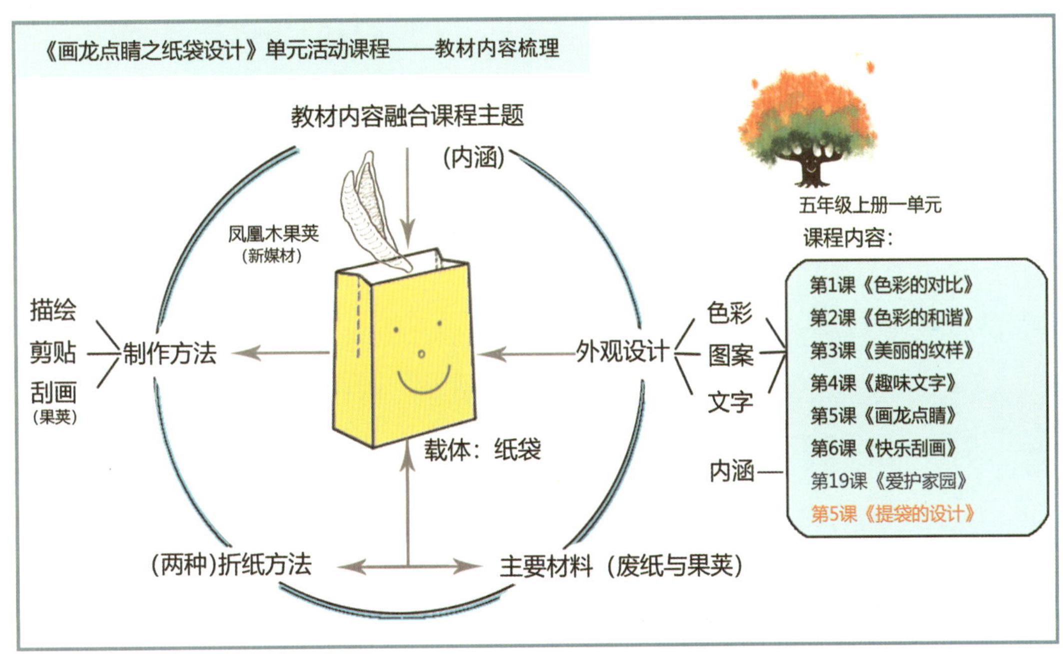

（三）学情分析

五年级学生已具备一定搜集、整理、分析资料的能力，拥有小组合作探究、观察、讨论、表述等主动构建知识的能力，学过一些简单的图案、字体设计和色彩知识，对设计有基本的认知，可以进行简单的美术元素搭配，处于模仿阶段；思考问题时，抽象思维有了较快的发展，手的灵巧度也在逐步提高，喜欢尝试用各种工具和媒材进行创作。学生的自主意识开始形成，他们希望像成年人一样去表达，但尚力不从心，常常会出现眼高手低的现象，缺乏自信心。针对这种现象，在进行单元课程策划前，笔者对学生进行了调查，发现学生对折纸袋有很大的兴趣，而且利用学校打印室的废纸、旧报纸以及大自然的天然材料——凤凰木果荚进行创作，在材料的获取上为学生提供了方便；又以实际行动进行环保宣传，让学习的素材更贴近生活；学生在课外利用网络资源，反复练习纸袋折叠方法，互教互学，培养了持之以恒的学习精神和团结合作的学习态度。

二 作业实施

本单元通过学习单驱动任务的方式，让学生清晰地了解本单元学习任务，调动学生的知识积累和经验积累，有效引导学生转变学习方式，学会自主、合作和探究性学习；单元作业的类型有绘画类、综合类、制作类、表述类；学生自主选择分层化的作业内容，使不同层次、不同能力的学生都有展示空间，可以在作业中体验到创作、劳动的乐趣，获得成就感。

“画龙点睛之纸袋设计”单元主题课程作业多元化结构图

（一）课前的作业实施：量力性、差异性的作业形式

1. 课前任务一：观察、了解校园里的树，自由选择学习单进行填写（四张学习单可任选其一）。

“画龙点睛之纸袋设计”调查学习单 1

凤凰木身世大揭密！ ____年____班 姓名：__________

相传在很久以前，白鹭在厦门辛勤地挖泉水、到陆地上收集、播种花草种子，使岛上鸟语花香，蜂飞蝶舞。厦门的变化令东海蛇王和蛇妖眼馋，它们争相前来骚扰，白鹭凛然不惧，勇斗蛇王，赶走蛇妖。后来，在白鹭洒过鲜血的那片地上，长出了一棵棵挺拔的大树。树的枝叶像白鹭的翅膀一样轻盈可爱，树上的花像白鹭的鲜血一样火红，人们把它叫作“凤凰木”，而厦门岛，从此也被称为“鹭岛”。1986年10月23日，凤凰木正式被确定为厦门市市树。

1.你会选择哪些词语表达对凤凰木的印象？✔

☐ 喜庆 ☐ 青春 ☐ 活力

☐ 乐观 ☐ 其他 __________

2.请你将调查到的凤凰木身份信息写在下面。

形态特征：__________

叶：__________

花：__________

果实：__________

生长环境：__________

____

“画龙点睛之纸袋设计”调查学习单 2

凤凰木真好看！

____年____班　姓名：__________

1. 校园内的凤凰木大约有几层楼那么高呢？

____

2. 凤凰木的叶子看起来是什么形状的？

请在方格里打☑。

□　□

□　□

3. 画画看：这是凤凰木的树干（　）

叶子（　）果实（　）

“画龙点睛之纸袋设计”调查学习单 3

认识校园里的树(1)

___年___班　姓名：___________

同学们，上次课时我们曾经介绍过如何观察植物，现在老师请大家到校园中去寻找植物，看看下面这些植物在校园中的哪个地方，找到后在下面的表格上打“√”，并写出这些植物的位置。（可填写位置：新校区或老校区、校门口、中庭、篮球场、操场围墙、升旗台、教学楼前等）

大王椰子树	榕树	凤凰木	樟树	鹅掌藤	海南红豆	长叶榕
√　教学楼前						
糖胶树	桂花树	桃花木	栾树	白玉兰树	桑树	紫花风铃木

“画龙点睛之纸袋设计”调查学习单 4

认识校园里的树(2)

___年___班 姓名：__________

校园里有许多树，各有不同的特征，请你用心体会，伸出双手摸摸树皮，将你的感觉用打“√”的方式填写到下表。

树皮/树种	坚实	疏松	光滑	粗糙	有刺	舒服	其它感觉
榕树							
樟树							
栾树							
糖胶树							
含笑树							
白玉兰树							
芒果树							
海南红豆							
桂花树							
亚历山大椰子							

你喜欢哪棵树的叶子或树干，请把它画下来：

植物名称：

【设计意图】利用学校多样的生态环境，通过学习单让学生清晰地了解学习任务。学生可去实地观察、体验校园树木之美，培养学生主动探索与合作探究的能力，为后面的学习做好铺垫。

2. 课前任务二：户外搜集凤凰木果荚，进行挑选、清洗、晾晒，完成学习单。

“快乐刮画—凤凰木果荚刮刻”学习单 1

实践任务：找一找　试一试

- 厦门的市树凤凰木，在校园中、公园里、街道旁随处可见，从现在起，一起来寻找掉落地上的果荚吧，选择的条件有：1. 干燥。2.成熟。3.表皮无破损干裂。选好后，清洗晾干。

- 你发现凤凰木的果荚还能做什么？

____

【设计意图】凤凰木在本地随处可见，在材料选取上为学生提供了方便，学习的素材更贴近生活。学生以自主选择、小组合作的方式开展实践活动，学会与他人合作劳动，懂得尊重和珍惜劳动成果，体验劳动带来的乐趣与成就感，并能分享自己的劳动果实。该设计将德育、美育、劳动体验、体育品德的教育融为一体。

3. 课前任务三：请同学们通过网络搜索，学习两种折纸袋的方法。

【设计意图】纸袋具有实用性，又具宣传作用，学生对折纸袋也充满兴趣。学生在课余利用网络资源或互教互学，反复练习折叠纸袋，养成持之以恒的学习精神和团结合作的工作态度。

4. 课前任务四：策划以“爱护家园”为主题的班队活动，或走入社区活动，自行选择美工、表演者等角色扮演，以多样化的形式展示课程成果。

“画龙点睛之纸袋设计”任务选择单

爱护家园主题宣传活动 ___年___班 姓名：________

在爱护家园主题宣传活动中，你想扮演什么角色？请你在下列选项中打“√”，并写出你的理由：________________

□ 策划 □ 编剧 □ 道具 □ 美工

□ 主持人 □ 表演 □ 其他：________

【设计意图】结合活动课程，让学生运用自己喜欢的形式，如手工、绘画、汇报、表演等进行交流学习，探索生活中可再利用的媒材；让学生运用不同形式进行艺术表现与创作，以画图、表演和说故事的方式表达感受、展示作品，为学生提供展示特长与爱好的机会，增强学生的创作热情，提高课堂教学的有效性。

（二）课中的作业实施：新颖性、多样性的作业表现

1. 第一课时“爱护家园——树与纸的关系”课中作业。

学生从关注校园中的树开始，了解树与纸的关系，运用数学的计算方法，了解纸张的浪费情况；结合美术活动中对纸张的运用，探究节约纸张的方法；学生完成学习单（见下页），呈现小组讨论结果，并初步学习折纸袋。

【设计意图】在美术新课程理念的指导下，我们追求更具科学性、有效性、情境性的教学方式。作业的设计打破学习时空的界限，融合了其他学科的知识，由课内向课外延伸，使学生的学习更有系统性、连续性和开放性，更加贴近生活。

“画龙点睛之纸袋设计”课时 1 学习单

___年___班 姓名：__________

纸张与树的秘密

1.了解了蔡伦与造纸术，你们已经知道纸是怎么来的了。全世界约有35%的商品木材用于造纸。请你算一算：

我们学校有48个班级，每班约有45人，假设每个班级都有10人每天浪费2张纸，那么我校每天浪费多少张纸？

答：

2.倡导保护环境，友好地使用材料，各种废纸、废木已开始被回收利用，被称为“第四种森林资源”。请探究出三种废纸循环利用做手工的方法：（6人小组合作讨论）

1. __________
2. __________
3. __________

2. 第二、三课时“图文魔法术”与“色彩的和谐与对比”课中作业。

将《美丽的纹样》与《趣味文字》相结合，以“环保”“爱树”为主题，学习将植物和文字进行夸张变形的设计方法。运用对比色与邻近色的色彩关系及变化规律，将对色彩的感受运用到纹样和文字的设计中。（见作业单）

“画龙点睛之纸袋设计”课时 2、3 作业单

实践一：

运用本课学习的夸张变形的方法，设计一个单独纹样（以花草树叶等植物为主）。

示例：

实践二：

以环保、爱惜树木为主题，选择一个字或一个词语进行创意设计，要体现趣味性。

示例：

（提示：运用对比色或和谐色）

【设计意图】运用问题驱动的方法，提高学生发现问题与解决问题的主观能动性。通过设计纹样与字体，分析生活和艺术作品中的色彩美，让学生进一步了解美术在生活中的运用。

3. 第四课时“画龙点睛之纸袋设计”课中作业。

指导学生运用剪裁拼贴的方式，将上一课设计的文字及图案装饰于自己折叠的纸袋上，再通过书写或口头表述纸袋设计说明。

【设计意图】纸袋的设计与制作集设计、创意、实践于一体，让学生在完成作品的过程中形成综合运用知识的意识，提升综合实践的能力。

“画龙点睛之纸袋设计”课时4学习单1

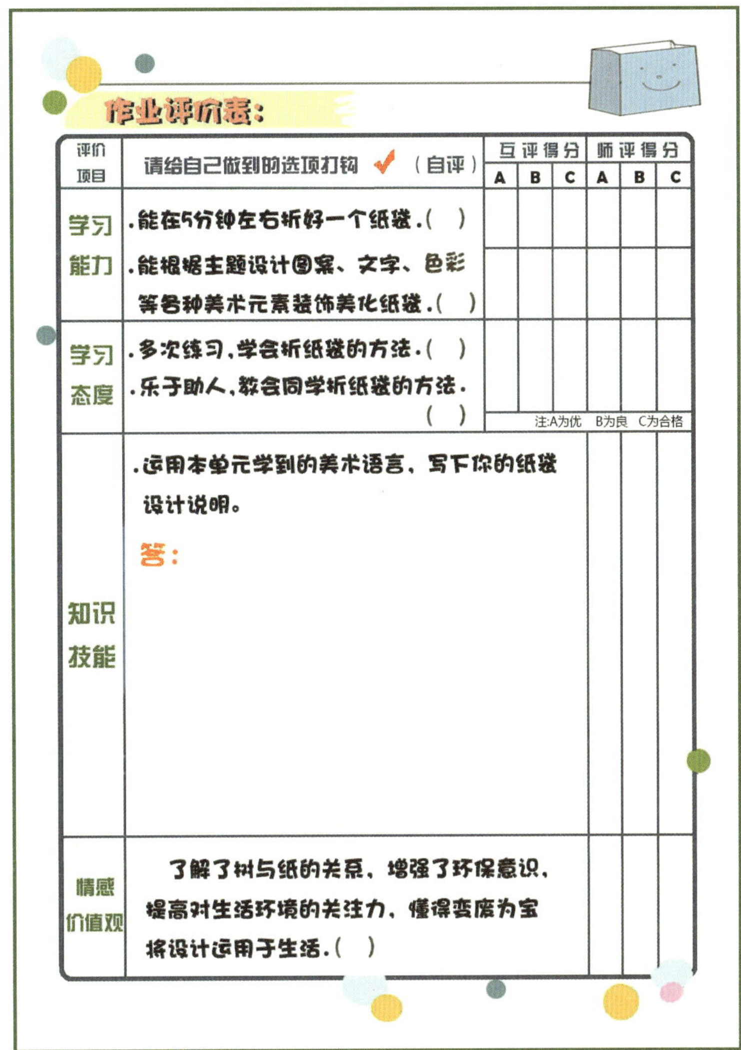

作业评价表：

评价项目	请给自己做到的选项打钩 ✓（自评）	互评得分 A	互评得分 B	互评得分 C	师评得分 A	师评得分 B	师评得分 C
学习能力	·能在5分钟左右折好一个纸袋.（ ）						
	·能根据主题设计图案、文字、色彩等各种美术元素装饰美化纸袋.（ ）						
学习态度	·多次练习，学会折纸袋的方法.（ ）						
	·乐于助人，教会同学折纸袋的方法.（ ）						
知识技能	·运用本单元学到的美术语言，写下你的纸袋设计说明。 答：						
情感价值观	了解了树与纸的关系，增强了环保意识，提高对生活环境的关注力，懂得变废为宝将设计运用于生活.（ ）						

注:A为优 B为良 C为合格

“画龙点睛之纸袋设计”课时4学习单2

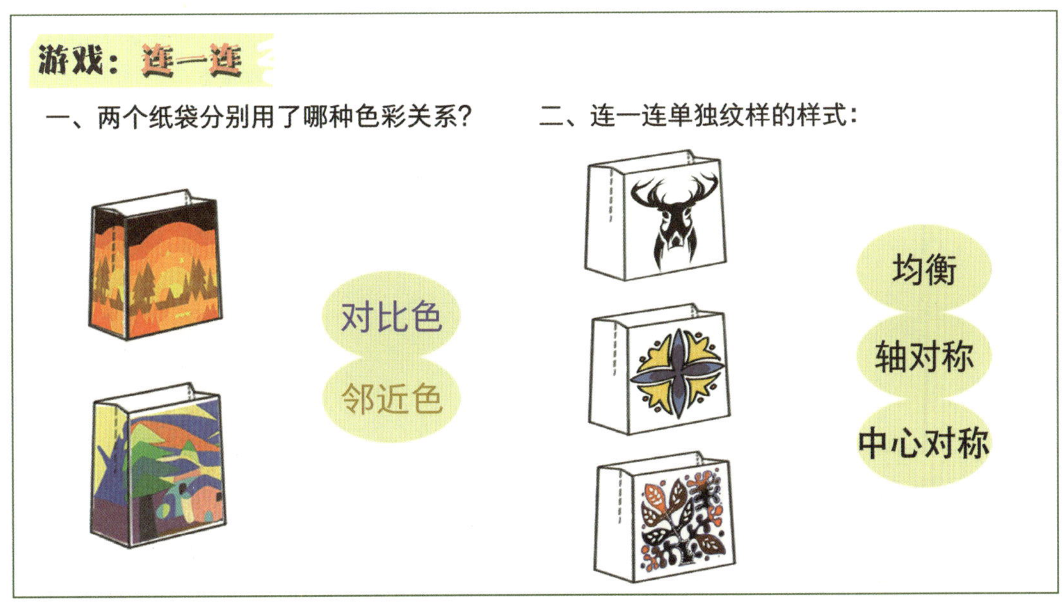

游戏：连一连

一、两个纸袋分别用了哪种色彩关系？

对比色

邻近色

二、连一连单独纹样的样式：

均衡

轴对称

中心对称

4. 第五课时“快乐刮画——凤凰木果荚刮刻”课中作业。

学生进行小组合作，探究纹样的阴刻、阳刻手法；动手设计绘制刮刻的纹样，（如学习单 2）尝试用木刻刀刮刻纹样、文字；创作呈现出质朴的美感与生命力的果荚装饰品（如学习单 3）作为校园礼品。

【设计意图】凤凰木果荚成熟后，表皮呈褐色，刮去表皮会露出黄白色，呈现一种古朴天然的肌理。我们在课程资源的开发上充分运用了学校资源和自然资源，对自然材料的运用也体现了环保、便利、节约的原则，让学生了解自然万物都可以成为创作灵感，生活随处都有创作素材。将工匠精神和智慧创作集于一身，激励学生崇尚劳动、尊重他人劳动，珍惜劳动成果。

“快乐刮画——凤凰木果荚刮刻”学习单 2

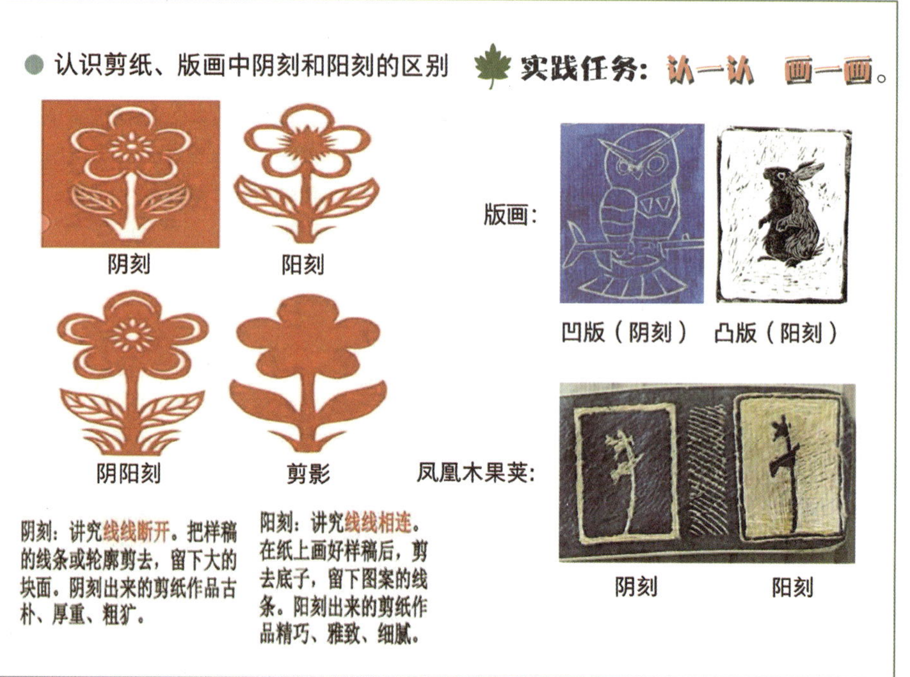

“快乐刮画——凤凰木果荚刮刻”学习单 3

实践任务：认一认 画一画

- 小组讨论阴刻、阳刻表现方式的不同，将草图画在下方空白区域。
- 画一画你设计的纹样或文字。

你设计的是阳刻纹样（ ）；阴刻纹样（ ）。

“快乐刮画——凤凰木果荚刮刻”学习单 4

实践任务：刻一刻　选一选

● **作业要求**：试着用木刻刀等工具在果荚表面刮刻文字或纹样，三种挑战，选其一，你选择（　）

A. 用阴刻法刮刻姓名或喜欢的文字。

B. 用阴刻法刮刻设计的点、线、面相结合的简单纹样。

C. 用阳刻法刮刻设计的点、线、面相结合的简单纹样。

● **钩一钩**：☑

你设计的纹样是：

人物（　）动物（　）文字（　）植物（　）

静物（　）标志（　）几何（　）

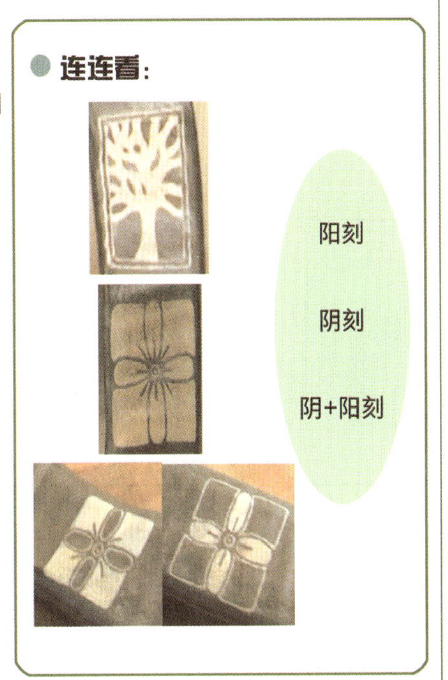

5. 第六课时“爱护家园——环保总动员”课中作业。

鼓励学生策划环保宣传活动，通过纸袋、宣传卡片、凤凰木果荚礼品、海报等作品展示环保理念；进行环保课本剧排练及表演，表达对大自然的关爱之情，唤起学生的环保意识。

【设计意图】学生以此获得完整的审美创造体验，把传播文明、传承传统文化的实践落实到日常生活中，提升学生的人文素养和审美情趣。

★学生作品展示

（三）课后的作业评价：过程性、激励性的作业评价

本单元课程采用多元化的作业评价方式，学生可以在评价表中相互评价，教师进行补充评价，有利于更好地进行激励性评价。除了校内作品展示评价外，我们可以在班级微信

群、家长群里，对学生的上课过程及最终作品进行呈现，由社会、家庭、学校三位一体进行科学性、多样化、多角度的评价，并将评价结果及时反馈给学生，让学生对自己的学习有清晰的认识。（如下图各课评价表）

“画龙点睛之纸袋设计”单元作业评价表

姓名：　　　　班级：

课时1：爱护家园——树与纸的关系	
自我评价	1.是否在课前查找收集树木与环境的相关信息？ □是 □否 2.平时是否爱惜纸张，不浪费纸张？ □是 □否 3.是否主动举手想要参与讨论？ □是 □否 4.是否认真观看演示，学会折纸袋的方法，且在课后进行练习？ □是 □否
同学评价	他（她）积极参加讨论了吗？ 很积极　　　　不积极
课时2：图文魔法术	
自我评价	1.是否运用点、线、面完成了单独纹样的设计？ □是 □否 2.是否运用夸张、变形等技法表现纹样与文字？ □是 □否 3.是否表达了自己创作的纹样与文字要用到什么地方？ □是 □否
同学评价	你喜爱他（她）的作品的理由：（可多选） □纹样均衡 □纹样对称 □纹样与字夸张有趣 □图与字风格统一
课时3：色彩的和谐与对比	
自我评价	1.是否知道什么是对比色与邻近色？ □是 □否 2.是否能用相关知识欣赏分析生活和美术作品中色彩和谐与对比的现象？ □是 □否 3.是否能结合创意纹样和文字进行色彩搭配？ □是 □否 4.对作业的认可度： 很满意　　　　不满意
同学评价	你喜爱他（她）的作品的理由：（可多选） □运用了对比色 □运用了邻近色 □注意了纹样与文字的色彩搭配
课时4：画龙点睛之纸袋设计	
自我评价	1.是否在课后反复练习折纸袋？ □是 □否 2.是否能运用前两次活动学到的美术语言来装饰纸袋？ □是 □否 3.是否在纸袋上体现环保主题？ □是 □否
同学评价	纸袋最吸引你的是？（可多选） □折得工整 □图文搭配和谐

<table>
<tr><th colspan="2">课时5：快乐刮画——凤凰木果荚刮刻</th></tr>
<tr><td>（☑选）
自我评价</td><td>1. 是否在课前找到合适的凤凰木果荚并清理干净？ □是 □否
2. 是否掌握了安全使用木刻刀刮刻果荚的方法？ □是 □否
3. 是否运用阴刻或阳刻的方式设计了单独纹样或文字？ □是 □否
4. 是否清晰完整地刻画完纹样或文字？ □是 □否
你的作品是：□以线为主 □以面为主 □线面结合
你对作业的认可度：很满意 😀 🙂 😐 😣 不满意</td></tr>
<tr><td>同学评价</td><td>你喜爱他（她）的作品的理由：（可多选）
□果荚清理干净 □刻画认真 □纹路细致清晰 □纹样装饰性强</td></tr>
<tr><th colspan="2">课时6：爱护家园——环保总动员</th></tr>
<tr><td>自我评价</td><td>1.是否能自然生动地介绍树木对地球的保护作用？ □是 □否
2.是否能根据作业要求评述自己和同伴的作品？ □是 □否
3.是否与小组成员共同协作完成环保宣传活动？ □是 □否
4.是否在课后把环保意识付诸实际行动中？ □是 □否</td></tr>
<tr><td>同学评价</td><td>他（她）在活动中展示了哪些才能？（可多选）
□绘制 □表演 □演说 □策划 □协助 □宣传</td></tr>
</table>

<table>
<tr><td rowspan="6">教师评价</td><td rowspan="5">美术作业（纸袋制作设计）</td><th>等级</th><th>评价标准</th><th>成绩</th></tr>
<tr><td>优秀 😀</td><td>1. 能熟练工整地折好纸袋，果荚纹样刻画布局严谨；
2. 能结合主题，运用所学的色彩知识、夸张变形等方法设计出有特色的文字与纹样；
3. 能运用美术元素、文字和纹样美观地装饰纸袋。</td><td rowspan="4"></td></tr>
<tr><td>良好 🙂</td><td>1. 能较熟练地折好纸袋，果荚纹样清晰完整；
2. 能结合主题，运用所学的色彩知识设计出文字与纹样；并运用美术元素装饰纸袋。</td></tr>
<tr><td>合格 😐</td><td>1. 能在老师或同学协助下折好纸袋，果荚纹样清晰；
2. 对色彩知识运用较少，文字和纹样的设计意识有待加强。</td></tr>
<tr><td>需努力</td><td>没按要求完成作业 😣 加油！</td></tr>
<tr><td colspan="4">评语</td></tr>
</table>

三 总结与点评

郭老师设计的五年级主题课程单元活动作业“画龙点睛之纸袋设计”是核心素养背景下，依托福建省教育科学“十三五”规划，对 2019 年立项课题“小学美育 ASTCC 综合探索课程建设的行动研究”进行探索与实践形成的研究成果。郭老师围绕立德树人的根本任务和发展学生核心素养的教学目标，立足学生发展需求，紧扣课程素养目标的具体要求，充分利用学校得天独厚的丰富自然资源与深厚多样的地域人文资源，选择符合综合探索学习特征的教学内容进行结构重组，生成以美术为基础的“自然校园”单元主题式课程活动。本课程活动作业案例具有单元结构严谨、编排逻辑清晰、内容贴近学生、形式灵活多样等特点，凸显了基于核心素养大单元美术活动作业的概貌。

（点评教师：厦门市教育科学研究院　郑杰才）

参考文献：

［1］李雪梅 . 义务教育教科书美术教学参考书五年级上册 . 北京：人民美术出版社，2017，7.

［2］中华人民共和国教育部 . 义务教育美术课程标准（2011 年版）［M］. 北京：北京师范大学出版社，2012.

“立体造型”单元作业设计

课程名称：“立体造型”单元作业设计
教材版本：《义务教育教科书 美术 五年级下册》（浙美版）
设计教师：福州教育学院附属第四小学　陈晨
指导教师：福州教育学院附属第四小学　林锦春

 课程主题概述

（一）核心素养目标

本单元主题课程根据《义务教育美术课程标准(2011年版)》提出的第三学段“造型·表现”学习领域目标，即“运用线条、形状、色彩、肌理和空间等造型元素，以描绘和立体造型的方法，选择合适的工具、媒材，记录与表现所见所闻、所感所想”，进行课程目标建构。

根据课程标准的要求及教材内容的关联性，将浙美版五年级下册教材中“设计·应用”学习领域的《椅子的构成》和“造型·表现”学习领域的《圆筒造型》两课构建为单元学习课程“立体造型”，引导学生有意识地运用基本纸艺制作技法，将对比与和谐、对称与均衡、节奏与韵律等形式原理巧妙地融入立体造型创作活动中，发展美术构思与创作的能力。

单元核心素养目标	
审美感知	通过观察生活中的建筑及艺术家雕塑，感受立体造型多变而富有节奏的艺术美感，启迪设计灵感，在活动中增强对美的理解，培养对美的观察力，发现生活中随处可见的美。
艺术表现	运用纸材料的基本制作技法，有意识地运用对比与和谐、对称与均衡、节奏与韵律等原理进行立体纸造型活动，创造出有意味的立体造型。
创意实践	学习和借鉴生活中的椅子、圆筒造型和艺术家雕塑作品中的创意和方法，利用所学知识和生活中的材料进行创造性、综合性的表达，赋予椅子、圆筒造型多样的创意，提高学生的想象力和创造力。
文化理解	从文化的角度观察和理解生活中的椅子、圆筒造型和艺术家雕塑等立体造型，探究中国元素的文化内涵，理解不同国家、地区、民族和时代的美术作品所体现的文化多样性，观察、感悟立体造型的形式美感，感受多样的立体造型变化。

（二）教材分析

在“立体造型”单元课程中，《椅子的构成》一课让学生通过椅子的拼摆来学习平面构成与立体构成知识；尝试通过椅子的线、面、色、光影构成练习，掌握平面构成与立体构成的基本原理，学习节奏感、韵律感、空间感、形式感等艺术处理技巧；《圆筒造型》一课则引导学生通过圆筒造型活动了解更多纸造型的基本制作方法，综合运用多种构成原理制作变化丰富的圆筒立体造型，提高想象能力和动手创造能力，启迪设计灵感。

（三）学情分析

在一到四年级的课程中，立体造型一般指简单的泥塑、纸塑，五年级的立体造型开始涉及构成的概念。“构成”又称为形态构成学，是色彩构成、平面构成、立体构成的统称。构成包含的内容丰富，涉及的知识面广，对五年级的学生来说，理解构成、学习构成还具有一定的挑战性。四年级的学生已经学习了《椅子的设计》，对椅子已经有了较深刻的理解，椅子的造型本身就具有线、面构成关系，借助椅子这个载体来体验、了解和学习构成知识，可以帮助学生提高空间感觉、发掘创造潜能、丰富表现技能。第二课时《圆筒造型》则对圆筒进行单体造型和多型组合，是对第一节课的知识和技能的深化。小学五年级学生对于美术创作有一定的基础，具备一些美术技能技法方面的知识和能力，鉴于这个年龄段的学生已经在生活中有了较多的积累和体验，因此本单元的作业设计紧密联系学生的生活，运用各种方法引导学生大胆想象，拓宽学生的思路，激发创作的积极性，提高审美情趣和绘画创作能力。

 作业实施

（一）课时一：椅子的平面构成

1. 课中任务。

单选题：通过第一课时的学习，我们了解到有规律的构成方法，如重复、渐变排列等，以及无规律的构成方法，如叠加、疏密、旋转排列等。下列椅子的构成中属于有规律排列的是（　　）。

A.

B.

C.

D.

【设计思路】在这一课时中，学生通过对椅子的拼摆来体验、了解和学习构成知识，该单选题检测学生对有规律构成和无规律构成的区分。A 选项、C 选项是无规律的叠加拼摆构成，D 选项是旋转方向的排列，都属于无规律的构成方法，只有 B 选项是从大到小渐

变的有规律排列的构成，故选 B。

2. 课后任务。

综合运用题：在杂技表演《叠椅子》中，杂技师用椅子展示了如此惊、险、奇、美的表演，令人惊叹！通过今天的学习，我们也来学做杂技大师，用椅子拼摆出独特的平面构成吧。

主题：岁月、自由、记忆、希望等。

形式：采用小组合作的方式。

材料：剪刀、卡纸、固体胶等。

步骤：

①小组成员每人在纸上剪出多把角度、色彩、造型不同的椅子，椅子剪纸由小组共享。

②在有肌理或者多色拼接的背景板上，创造性地组合、拼摆椅子。

③小组成员各自摆出不同构成方式的椅子，也可以综合运用构成方式，选择适合表现相应主题的椅子的拼摆方式，并裁剪出合适的图片进行拍照。

④给作品取一个贴切的名字。

作业完成过程示例：

陈晨《椅子的构成步骤图》

★学生作品展示

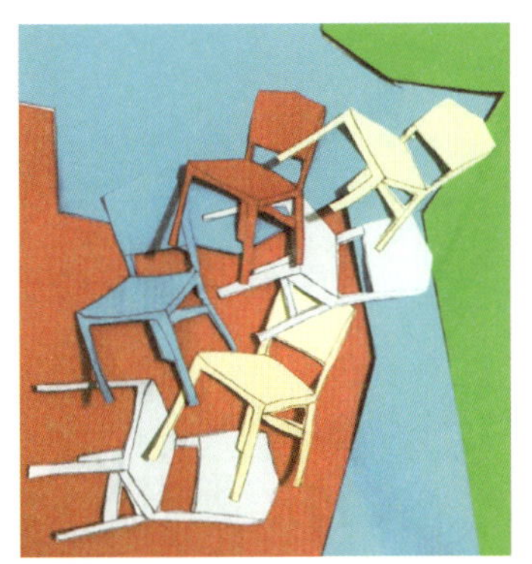

马珊珊《飞翔》

柯文哲《聚焦》

何镇洋《阳光灿烂》

黄乐晨《椅子找影子》

（二）课时二：椅子与光影

1. 课中任务。

简答题：亲爱的同学们，通过上节课的学习，我们对构成方法和形式原理有了一定的了解，让我们回顾一下这个模块的知识吧。上节课的作业中都采用了哪些排列方法呢?

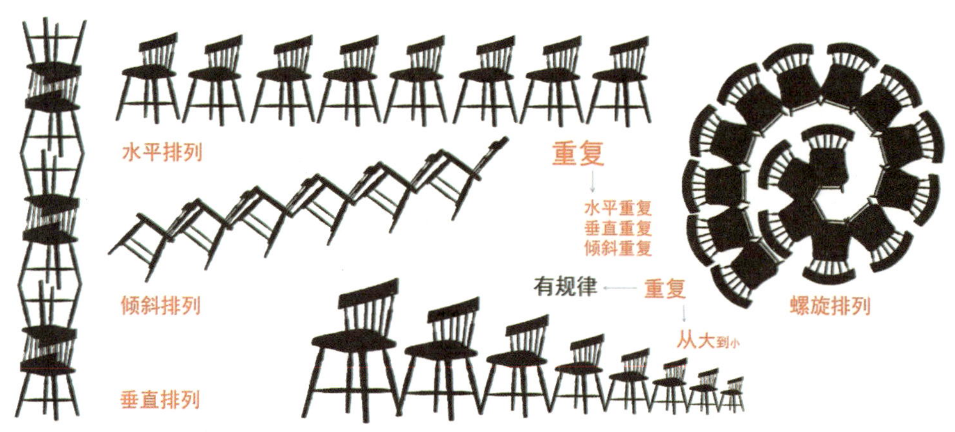

2. 课后任务。

综合运用题：在王怀庆的雕塑作品《自己和自己的影子》中，我们看到光照射的角度不同，椅子跟影子也巧妙地形成了实与虚的构成关系，产生一种视觉空间美感。接下来，我们也来运用王怀庆的方法，利用光影与构成的关系拍摄照片吧。

主题：岁月、自由、记忆、希望等。

形式：小组合作。

材料：剪刀、纸材、固体胶等。

步骤：

①选取椅子的原型画出椅子的剪影，每人剪出多把椅子，可以是不同视角，也可以是单色或多色的。

②适当地将椅子折成立体图形。

③在L形背景衬板的前面粘贴和拼摆多个剪折好的椅子，用手电筒给予不同角度的单一光源，拍下不同视角的照片，选择最精彩的照片，再进行裁剪。

④给作品取一个贴切的名字。

作品完成过程示例：

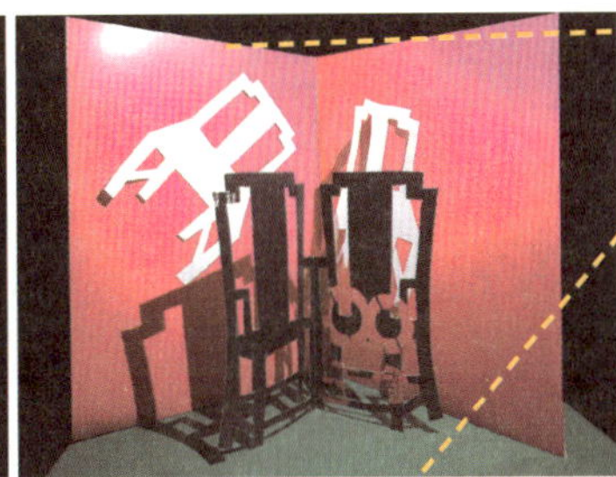

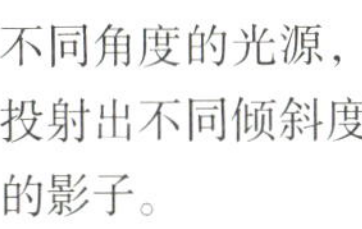

不同角度的光源，投射出不同倾斜度的影子。

方形裁剪示例

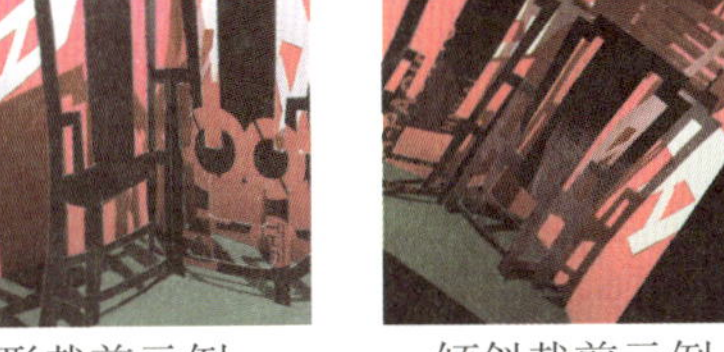

倾斜裁剪示例

竖向裁剪示例

横向裁剪示例

★学生作品展示

吴博轩《层层叠叠》

林恕《平衡》

颜语晨《疏与密》

马珊珊《红与黄》

（三）课时三：多样的圆筒造型

1. 课中任务。

（1）操作题：试一试，在一分钟之内，用不同颜色的卡纸卷出长短、粗细不一的圆筒。

（2）操作题：怎样将两个圆筒组合在一起？

陈晨　单个圆筒造型变化示意图

2. 课后任务。

操作题：让圆筒"动起来"。试一试，根据左侧示意图，让圆筒产生"动态感"，看谁能想到更多的方法？请表现出来。

形式：个人独立完成作业。

要求：通过折、剪、挖、切割等方法，让圆筒"动起来"。

材料：剪刀、纸材（可用多种废旧纸材，如挂历纸）、固体胶等。

（四）课时四：圆筒造型组合

1. 课中任务。

（1）操作题：从上节课制作的圆筒中挑选出 5 个，拼摆出一组无规律的造型组合，接着，再选择 5 个圆筒拼摆出一组有规律的造型组合。

（2）单选题：曾侯乙编钟为战国早期文物，是至今世界上已发现的最雄伟、最庞大的乐器。扁圆筒造型的青铜编钟分别悬挂在 3 层钟架上，曾侯乙编钟在组合上主要体现的构成方法是（　　）。

A. 旋转　　B. 交错　　C. 渐变　　D. 疏密

【设计思路】该选择题中出现的曾侯乙编钟，是中国古代工艺方面的重要发明，也是小学阶段需要掌握的美术史知识之一。通过对传统工艺品的观察、欣赏，引导学生理解其形式原理，感受形式美。曾侯乙编钟用由大小不同的扁圆钟按照音调高低的次序排列起来，具有实用性、合理性与科学性的同时，也具有艺术性，使学生了解传统工艺中也有圆筒造型组合的运用。从下往上三层钟架，圆钟组合呈现由大到小的渐变排列，是有规律的构成，故选 C。

2. 课后任务。

综合运用题：福建土楼历史悠久，以拥有地理、防卫、生活等诸多优势的圆筒造型称奇于世界建筑之林，凝聚着古代劳动人民的智慧。

不同的圆筒造型给人以不同的感受，土楼低矮、稳固的圆筒造型，对称的内部构成，凸显了均衡之美，体现了客家人内敛的性格；法国蓬皮杜艺术文化中心，建筑外观以不同色彩、粗细的圆筒穿插组合造型，对比强烈，动感十足，成为整个城市环境设计中的“时代”叛逆者。

为了表现出不同的圆筒造型的魅力，请同学们也来为生活中的某个场景设计一座圆筒造型建筑，并表达出自己的设计理念。

形式：小组合作。

材料：剪刀、纸材、固体胶等。

步骤：

①构思：根据自己的设计理念，在上一节课制作的圆筒中，选用10个左右圆筒进行组合造型（可以和同学互相交换不同的圆筒）。

②制作：选择合适的构成方式进行圆筒的变化、拼摆、粘贴、插接等。

③命名：给作品取一个贴切的名字。

★学生作品展示

陈晨《圆筒造型组合》

林奕帆《光阴千年》

钱奕帆《城市花园建筑》

吴博轩《火炬的力量》

叶劲鑫《卷曲的建筑》

三 总结与点评

陈晨老师的单元活动作业设计能紧紧围绕义务教育美术学科的四大核心素养，在活动中不断增强学生对美的理解，引导学生创造出有意味的立体造型。另一方面，作业设计从文化的角度观察和理解生活中的椅子、圆筒造型和艺术家雕塑等，深入探究中国元素的文化内涵，引导学生观察、感悟立体造型丰富多样的形式美感，体现出设计的科学性、丰富性和情境性。

（一）科学性

该单元主题课程的每一课时的作业设计都紧扣学生原有的认知结构，在此基础上让学生能“跳一跳，够得着”。以选择和简答为主的题型旨在巩固对基础知识的理解与运用，综合运用实践作业旨在提升学生实践能力，遵循由易至难、循序渐进的原则，有一定的梯度性和实践性。该作业设计还充分考查学生的综合素养，强化美术与生活、自然、文化的关系，每一模块的课后任务均设置有一定挑战性的实践活动，注重合作探究，提高学生团队协作的能力，引导学生综合运用记忆力、注意力、观察力、想象力、思维力解决问题，具有科学性。

（二）丰富性

在作业的设置中结合单元特色，运用单选、连线、简答、小游戏、写作、摄影、综合实践等丰富的活动形式；在综合实践题中，还设置了“方法贴士”，帮助学生学习和掌握解决问题的方法。

（三）情境性

活动素材贴近学生的生活。通过设置与生活相关的问题情境，拉近艺术与生活的距离，引发学生的共鸣或是相关的生活记忆，领会美术与现实生活的密切关系，并让学生利用所学知识和身边材料在一定的主题情境中进行创造性、综合性的呈现与创作。

（点评教师：福州教育学院附属第一小学　吴晓红）

“童谣童画”单元作业设计

课程名称：“童谣童画”单元作业设计

教材版本：《义务教育教科书 美术 五年级上册》（浙美版）

设计教师：福州市仓山区第八中心小学 徐玥

指导教师：福州市仓山区教师进修学校 林宁

课程主题概述

（一）核心素养目标

《义务教育美术课程标准（2011年版）》在第三学段（5–6年级）“造型·表现”学习领域的活动建议中指出：“运用线条、形状、色彩、肌理和空间等造型元素，以描绘和立体造型的方法，选择合适的工具、媒材，记录与表现所见所闻、所感所想，发展美术构思与创作的能力，表达思想与情感。”浙美版美术教材五年级上册第六单元内容为“绘画表现、文学素养”，教材编排为“造型·表现”学习领域课程“童谣童画”。本单元主题课程目标在于引导学生了解我国优秀民间童谣的历史及特点，感受童谣和童画的相通之处，启发学生选择合适的工具材料，为自己喜欢的童谣创作童画作品。在本单元作业设计中，既要让学生掌握美术知识和技能，更要渗透义务教育阶段美术学科核心素养的培养目标，引导学生探究童谣和童画的综合艺术特点，增强学生跨学科综合学习的兴趣，让学生初步感知艺术的共通性，培养跨学科思维能力。

单元核心素养目标	
审美感知	通过感受童谣的文字美、声音美及童画创作的造型美、色彩美，感知艺术的共通性，培养审美判断力。
艺术表现	能够运用合适的工具材料和美术语言，为自己喜欢的童谣创作童画，并进一步描绘童谣的意境，表达思想与情感。
创意实践	运用夸张、添加、装饰、色彩对比等美术表现方法和不同表现形式，根据童谣意境进行童画创作。
文化理解	更好地理解与传承中国优秀传统文化及传统美德。

（二）教材分析

中国学生核心素养强调跨学科思维能力的培养。本单元教材内容“童谣童画”，融合了绘画、文学，甚至音乐等多种艺术元素。优秀的童谣，其文字内容充满了画面感，是很好的绘画创作素材。童画是孩子们通过自己的想象，随心创造出的斑斓世界。根据童谣画童画，将童谣的文字美、声音美和童画的造型美、色彩美很好地融合起来。童谣体现了我国各个地区、各个民族不同的文化特点。教材选取了我国众多优秀的民间童谣中的 4 首，并提供与之对应的童画作品。教材注重对作品的欣赏、分析，让学生了解童谣童画的历史特点和艺术特点的同时，获取创作的范本。教材还展示了同龄学生创作的童谣童画，它们能更好地激发学生的创作灵感和热情，拓展学生的想象空间。

（三）学情分析

五年级学生已具备一定的理解和感知能力，初步了解了线条、形状、色彩、空间、肌理等丰富的造型元素，学习了对称、重复、节奏、韵律等形式原理，掌握了中国画水粉、水彩、版画、漫画等多样的表现形式。这个学龄段的学生对艺术的感知与理解能力处于发展阶段，美术表现能力与创意实践能力进一步发展，对探究客观世界、表达思想和情感具有积极性、主动性。

在本套教材三年级“想象画与童画”单元、四年级“书籍设计、学生生活”单元等内容的学习中，学生对绘画、文学等融合的表现形式已有过初步尝试，为本课的学习奠定了一定的基础。

作业实施

（一）课前作业——童谣口袋（课前家校互动活动）

在父母的协助下，拍摄一段自己诵读或歌唱童谣的短视频（1 分钟内），以视频形式分享到人人通网络学习空间课前导学之“童谣口袋”。

（二）课时一：赏析童谣和童画

1. 认识童谣和童画。（课堂学习任务卡及课堂互动学习活动）

看一看，想一想，完成以下学习任务卡。

<table>
<tr><td colspan="4">认识童谣和童画学习任务卡</td></tr>
<tr><td rowspan="3"> （徐玥创作）</td><td>选择题：观察童画作品，你联想到哪首童谣？
A.《数鸭子》：门前大桥下，游过一群鸭，快来快来数一数，二四六七八。
B.《小燕子》：小燕子，穿花衣，年年春天来这里，我问燕子你为啥来？燕子说："这里的春天最美丽！"</td><td>选择题：此幅童画作品是以童谣的（　）作为创作想象点？
A. 整体
B. 局部</td><td>填空题：此幅童画作品的绘画表现形式是：</td></tr>
<tr><td>填写正确选项</td><td>填写正确选项</td><td>填写绘画表现形式</td></tr>
<tr><td></td><td></td><td></td></tr>
<tr><td rowspan="3"> （徐玥创作）</td><td>选择题：观察童画作品，你联想到哪首童谣？
A.《数鸭子》：门前大桥下，游过一群鸭，快来快来数一数，二四六七八。
B.《小燕子》：小燕子，穿花衣，年年春天来这里，我问燕子你为啥来？燕子说："这里的春天最美丽！"</td><td>选择题：此幅童画作品是以童谣的（　）作为创作想象点？
A. 整体
B. 局部</td><td>填空题：此幅童画作品的绘画表现形式是：</td></tr>
<tr><td>填写正确选项</td><td>填写正确选项</td><td>填写绘画表现形式</td></tr>
<tr><td></td><td></td><td></td></tr>
<tr><td colspan="4">妙语连珠颂童谣活动：请与同桌配合以互相接龙对答形式记录下你们所诵读的童谣（可对方说一句你接下一句或反之）。</td></tr>
<tr><td></td><td></td><td colspan="2"></td></tr>
<tr><td></td><td></td><td colspan="2"></td></tr>
<tr><td></td><td></td><td colspan="2"></td></tr>
</table>

★学生作业展示

<table>
<tr><td colspan="4">认识童谣和童画（学习任务卡）</td></tr>
<tr><td rowspan="3"> </td><td>选择题：观察童画作品，你联想到哪首童谣？
A.《数鸭子》门前大桥下，游过一群鸭，快来快来数一数，二四六七八。
B.《小燕子》小燕子，穿花衣，年年春天来这里，我问燕子你为啥来？燕子说："这里的春天最美丽！"</td><td>选择题：此幅童画作品是以童谣的（ ）作为创作想象点？
A.整体
B.局部</td><td>填空题：此幅童画的作品的绘画表现形式</td></tr>
<tr><td>填写正确选项</td><td>填写正确选项</td><td>填写绘画表现形式</td></tr>
<tr><td>A</td><td>A</td><td>中国画</td></tr>
<tr><td rowspan="3"> </td><td>选择题：观察童画作品你联想到哪首童谣？
A.《数鸭子》门前大桥下，游过一群鸭，快来快来数一数，二四六七八。
B.《小燕子》小燕子，穿花衣，年年春天来这里，我问燕子你为啥来？燕子说："这里的春天最美丽！"</td><td>选择题：此幅童画作品是以童谣的（ ）作为创作想象点？
A.整体
B.局部</td><td>填空题：此幅童画的作品的绘画表现形式</td></tr>
<tr><td>填写正确选项</td><td>填写正确选项</td><td>填写绘画表现形式</td></tr>
<tr><td>A</td><td>B</td><td>线描画</td></tr>
<tr><td colspan="4">妙语连珠颂童谣活动：请与同桌配合以互相接龙对答形式记录下你们所诵读的童谣。
（可对方说一句你接下一句或反之）</td></tr>
<tr><td>12345</td><td>一闪一闪亮晶晶</td><td colspan="2">小白兔白又白</td></tr>
<tr><td>上山打老虎</td><td>满天都是小星星</td><td colspan="2">两只耳朵竖起来</td></tr>
<tr><td>老虎打不到，打到小松鼠</td><td>挂在天上亮晶晶</td><td colspan="2">爱吃萝卜和青菜</td></tr>
</table>

<table>
<tr><th colspan="4">认识童谣和童画（学习任务卡）</th></tr>
<tr><td rowspan="3"> </td><td>选择题：观察童画作品，你联想到哪首童谣？
A.《数鸭子》门前大桥下，游过一群鸭，快来快来数一数，二四六七八。
B.《小燕子》小燕子，穿花衣，年年春天来这里，我问燕子你为啥来？燕子说：“这里的春天最美丽！”</td><td>选择题：此幅童画作品是以童谣的（ ）作为创作想象点？
A.整体
B.局部</td><td>填空题：此幅童画的作品的绘画表现形式</td></tr>
<tr><td>填写正确选项</td><td>填写正确选项</td><td>填写绘画表现形式</td></tr>
<tr><td>A</td><td>A</td><td>中国画</td></tr>
<tr><td rowspan="3"> </td><td>选择题：观察童画作品你联想到哪首童谣？
A.《数鸭子》门前大桥下，游过一群鸭，快来快来数一数，二四六七八。
B.《小燕子》小燕子，穿花衣，年年春天来这里，我问燕子你为啥来？燕子说：“这里的春天最美丽！”</td><td>选择题：此幅童画作品是以童谣的（ ）作为创作想象点？
A.整体
B.局部</td><td>填空题：此幅童画的作品的绘画表现形式</td></tr>
<tr><td>填写正确选项</td><td>填写正确选项</td><td>填写绘画表现形式</td></tr>
<tr><td>A</td><td>B</td><td>线描画</td></tr>
</table>

<table>
<tr><th colspan="3">妙语连珠颂童谣活动：请与同桌配合以互相接龙对答形式记录下你们所诵读的童谣。
（可对方说一句你接下一句或反之）</th></tr>
<tr><td>拉大锯，扯大锯，姥姥家</td><td>一二三四五</td><td>小白兔白又白，两只耳朵</td></tr>
<tr><td>唱大戏，接姑娘，请女婿</td><td>上山打老虎，老虎没打着，</td><td>竖起来，爱吃萝卜爱吃</td></tr>
<tr><td>小外孙，你也去。</td><td>捉到小松鼠。</td><td>菜，蹦蹦跳跳真可爱。</td></tr>
</table>

2. 欣赏童谣和童画。（课堂小组探究）

读一读，品一品，完成以下小组探究卡。

<table>
<tr><td colspan="6">欣赏童谣和童画小组探究卡</td></tr>
<tr><td colspan="2">童画库</td><td>①</td><td>点点窝窝，来种果果，发了嫩芽，嫩芽长大，开了红花。</td><td>②</td><td>纺线车，一摇拉，哼呀哼呀纺棉花。纺成线，织成布，你做褂子我做裤。也有单，也有棉，花花绿绿过新年。</td></tr>
<tr><td colspan="2" rowspan="3">（徐玥创作）</td><td>③</td><td>大熊猫是国宝，爱吃竹子不爱草。黑眼圈白脑袋，胖胖乎乎惹人爱。</td><td>④</td><td>傻大妞儿，好坐秋千，没人送呀，自己悠儿。一悠不算，二悠擀面，三悠跑马，四悠就算。</td></tr>
<tr><td>⑤</td><td>采，采，采藕来；你出来，我走来，采了两筐家走来。</td><td>⑥</td><td>吕家门前一片桃，左一摇，右一摇，摇出三十四个尖嘴桃。</td></tr>
<tr><td rowspan="2">⑦</td><td colspan="3" rowspan="2">小雨滴，沙沙沙，落在鱼池里，乐得鱼儿摇尾巴。小雨滴，沙沙沙，落在花园里，乐得花儿张嘴巴。小雨滴，沙沙沙，落在稻田里，乐得苗儿往上拔。</td></tr>
<tr><td>对应的童谣编号</td><td></td></tr>
</table>

请小组成员根据观察作答		
绘画表现形式（请打“√”）	创作想象点 （请打“√”并作答）	表现手法 （请打“√”，可多选）
色彩画： （油画棒□　水彩笔□　水粉□） 剪纸□　拼贴画□　线描□ 版画□　中国画□	整体□ 局部□　如：	夸张□ 添加□ 装饰□ 色彩对比□
结合童谣写一写这幅童画作品给你怎样的感觉？（请简要作答）		

★学生作业展示

欣赏童谣和童画（小组探究卡）

童画库	编号	童谣	编号	童谣
	①	点点窝窝， 来种果果， 发了嫩芽， 嫩芽长大， 开了红花。	②	纺线车，一摇拉， 哼呀哼呀纺棉花。 纺成线，织成布， 你做褂子我做裤。 也有单，也有棉， 花花绿绿过新年。
	③	大熊猫是国宝， 爱吃竹子不爱草。 黑眼圈白脑袋， 胖胖乎乎惹人爱。	④	傻大妞儿，好坐秋千， 没人送呀，自己悠儿。 一悠不算，二悠擀面， 三悠跑马，四悠就算。
	⑤	采，采，采藕来； 你出来，我走来， 采了两筐家走来。	⑥	吕家门前一片桃， 左一摇，右一摇， 摇出三十四个尖嘴桃。
对应的童谣编号：③	⑦	小雨滴，沙沙沙，落在鱼池里，乐得鱼儿摇尾巴。 小雨滴，沙沙沙，落在花园里，乐得花儿张嘴巴。 小雨滴，沙沙沙，落在稻田里，乐得苗儿往上拔。		

请小组成员根据观察作答

绘画表现形式（请打“√”）	创作想象点（请打“√”并作答）	表现手法（请打“√”可多选）
色彩画： （油画棒☐ 水彩笔☐ 水粉☑） 剪纸☐ 拼贴画☐ 线描☐ 版画☐ 中国画☐	整体☑ 局部☐ 如：	夸张☑ 添加☐ 装饰☐ 色彩对比☐

结合童谣写一写这幅童画作品给你怎样的感觉？（请简要作答）

童谣表现出了大熊猫的活泼可爱，而画面运用水粉进行创作，让人感觉到画面色彩丰富，大熊猫的可爱形象十分招人喜欢，水粉的色彩效果也不错，画面动感十足。

<table>
<tr><th colspan="6">欣赏童谣和童画（小组探究卡）</th></tr>
<tr><td colspan="2">童画库</td><td>①</td><td>点点窝窝，
来种果果，
发了嫩芽，
嫩芽长大，
开了红花。</td><td>②</td><td>纺线车，一摇拉，
哼呀哼呀纺棉花。
纺成线，织成布，
你做褂子我做裤。
也有单，也有棉，
花花绿绿过新年。</td></tr>
<tr><td colspan="2" rowspan="3"></td><td>③</td><td>大熊猫是国宝，
爱吃竹子不爱草。
黑眼圈白脑袋，
胖胖乎乎惹人爱。</td><td>④</td><td>傻大妞儿，好坐秋千，
没人送呀，自己悠儿。
一悠不算，二悠擀面，
三悠跑马，四悠就算。</td></tr>
<tr><td>⑤</td><td>采，采，采藕来；
你出来，我走来，
采了两筐家走来。</td><td>⑥</td><td>吕家门前一片桃，
左一摇,右一摇，
摇出三十四个尖嘴桃。</td></tr>
<tr><td rowspan="2">⑦</td><td colspan="3" rowspan="2">小雨滴，沙沙沙，落在鱼池里，乐得鱼儿摇尾巴。
小雨滴，沙沙沙，落在花园里，乐得花儿张嘴巴。
小雨滴，沙沙沙，落在稻田里，乐得苗儿往上拔。</td></tr>
<tr><td>对应的童谣编号</td><td></td></tr>
<tr><th colspan="6">请小组成员根据观察作答</th></tr>
<tr><td colspan="2">绘画表现形式（请打“√”）</td><td colspan="2">创作想象点
（请打“√”并作答）</td><td colspan="2">表现手法（请打“√”可多选）</td></tr>
<tr><td colspan="2">色彩画：
（油画棒□ 水彩笔□ 水粉☑）
剪纸□ 拼贴画□
线描□ 版画□
中国画☑</td><td colspan="2">整体☑
局部□ 如：</td><td colspan="2">夸张☑
添加□
装饰☑
色彩对比□</td></tr>
<tr><th colspan="6">结合童谣写一写这幅童画作品给你怎样的感觉？（请简要作答）</th></tr>
<tr><td colspan="6">童谣给我了一种身临其境的感觉，这幅画写出了孩子们在吕巷桃园里摘桃的情景，场面十分热闹，干活场景热火朝天，中国画的绘画表现形式表现出了孩子们活泼可爱和摘桃的喜悦之情，跃然纸上。</td></tr>
</table>

（三）课时二：为童谣添画

绘画作业：根据童谣进行联想添画。

观察主体图案，结合童谣《小灯泡》“小灯泡太精巧，灿烂缤纷把我笼罩，痴痴看为你美貌，只盼妈妈不熄灯睡觉”的内容及意境，在画纸上进行联想添画。

提示：注意表现色彩、构图和环境以及童谣带给你的感受。

★学生作业展示

朱芷郁

郑茜菲

刘玄璇

何诗滢

张优诺

（四）课时三：为童谣创作童画

1. 为你喜欢的童谣创作童画。（希沃构图拼摆、绘画创作作业）

请在童谣库中选取你喜欢的时代新童谣，完成阶段作业。

童谣库组一：抗疫新童谣		
白衣天使真勇敢 新冠肺炎大坏蛋， 突然蹿出来作乱， 白衣天使真勇敢， 打它一个歼灭战。	**妈妈是医生** 妈妈是医生， 报名去武汉。 穿上防护服， 像个英雄汉。 坚持战斗着， 从早杀到晚。 宝宝在家里， 天天都点赞。	**众志成城抗疫情** 新冠病毒易传染， 戴上口罩不扩散。 勤洗手来多锻炼， 人群密集不上前。 医护人员冲一线， 全国齐心抗肺炎。 待到花开病毒散， 大家一起笑开颜。
童谣库组二：童谣赞我家乡美		
大榕树 大榕树，大榕树， 胡须长，头发绿， 像蘑菇，像大伞， 须须有情把根扎， 叶叶常绿来相护， 福州人民都爱你。	**烟台山** 烟台山，不简单， 万国建筑站满山。 梅坞塔亭马厂街， 林森公馆出清官。 烟台山，不一般， 书声琅琅天地宽。 江畔飘飘梅花香， 仓山少年丫喜欢。	**仓山真是赞** 旧村庄，重新建， 幢幢旧屋变华厦。 城中村，新地标， 奥体片区大发展， 会展中心迎商客。 地铁线，真繁忙， 条条线路紧相连。 南台旧貌换新颜， 市民惊叹它蝶变， 赞！赞！赞！

（1）第一阶段线上作业：任选一组你喜欢的时代新童谣创作素材，仔细体味童谣中的意境，运用希沃软件的拼摆功能，根据自己的创意和构思进行拼摆构图，完成后截图或拍照，上传到班级 QQ 群相册。

组一：“抗疫新童谣”希沃作业示意图

组二：“童谣赞我家乡美”希沃作业示意图

★学生作业展示

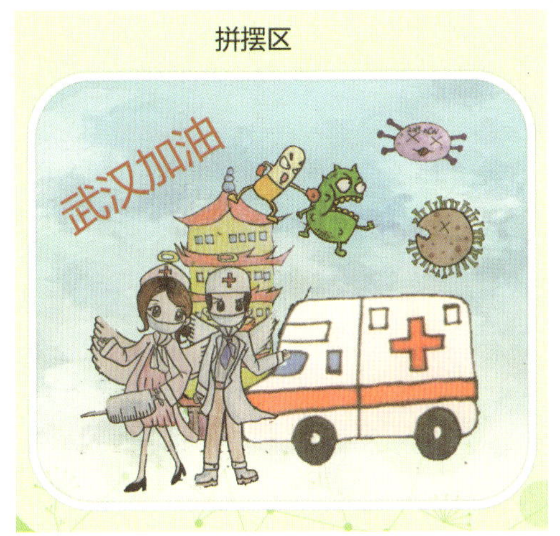

作者：徐玥

（2）第二阶段线下作业：运用学过的美术表现形式，选择合适的工具材料，为喜欢的时代新童谣创作一幅能表达童谣意境及情感的童画作品。

★学生作业展示

组一：抗疫新童谣

江涵朵《白衣天使真勇敢》

池馨玥《众志成城抗疫情》

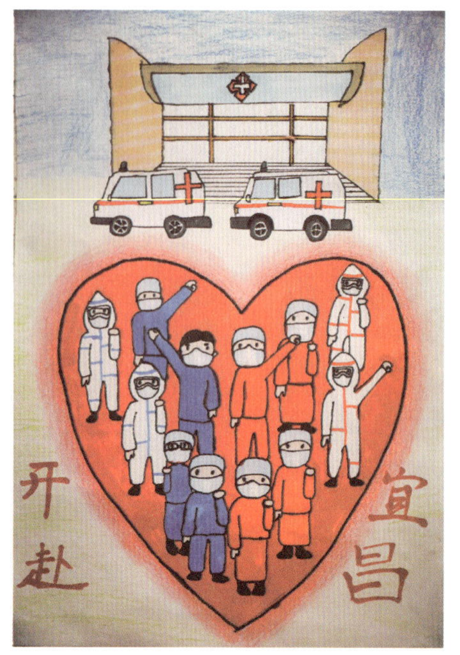

翁夕凌《妈妈是医生》

组二：童谣赞我家乡美

尹熙《仓山真是赞》

郑怡婕《大榕树》

黄爱玲《烟台山》

三 总结与点评

徐玥老师的单元作业设计紧紧围绕义务教育美术学科的四大核心素养，深入挖掘童谣艺术中的生活意趣、情感因素、文化意蕴，引导学生创造性地使用已掌握的美育表现形式，描绘童谣的内容与意境，表达内心情感。

（一）多元感知，品文化意蕴

童谣口袋设计了拍视频上传网络空间；课堂学习任务卡品童谣、赏画作；线上线下结合的绘画活动，联想添画、希沃拼摆、童画创作等多元化的活动形式。引导学生诵读童谣，欣赏、绘制童画，理解童画内涵。

（二）学科融合，展艺术魅力

美术学科提出了“学科融合”的新理念，不同学科的融合、艺术形式的融合，都意味着打破原有思维的局限性。“童谣童画”单元主题课程的作业设计，是围绕“绘画表现文学素养”的大方向进行的，探究文学、语言、音乐等多门学科的融合，发掘绘画艺术与文学艺术的共通之处。

（三）循序渐进，启创想之智

“童谣童画”单元主题课程的作业设计设置了符合学情、由易到难的作业内容：先从较简单的联想添画创作入手，以“小灯泡”为创作想象点进行童画联想创作，鼓励学生大胆想象；采用多元教学形式，设置线上、线下两种作业形式，借助软件的便利性使学生敢于尝试，勇于创新。

（四）以美育人，扬传统美德

“童谣童画”单元主题课程的作业设计在浓厚的文化情境中让学生感受和体验童谣的语言之美、文字之美、声音之美，而后欣赏、表现童画的色彩之美、形象之美、意境之美，让学生从美的视角出发，传承中华优秀传统美德。

（点评教师：福州市仓山区进修学校　林宁）

参考文献：

［1］中华人民共和国教育部 . 义务教育美术课程标准（2011 年版）［M］. 北京：北京师范大学出版社，2012.

［2］管慧勇 . 美术教师用书——教案与笔记，五年级上册［M］. 杭州：浙江人民美术出版社，2017.

［3］福建省教育厅 . 福建省义务教育学科教学指导意见，美术［M］. 福州：福建教育出版社，2018.

“灯彩辉映”单元作业设计

课程名称：“灯彩辉映”单元作业设计
教材版本：《义务教育教科书 美术 三年级》（浙美版）
设计教师：福州市南公小学 朱芳菲
指导教师：福州市台江区教师进修学校 郑冰心

 课程主题概述

（一）核心素养目标

《义务教育美术课程标准（2011 年版）》在第二学段（3-4 年级）“综合·探索”学习领域的目标中指出：“采用造型游戏的方式，结合语文、音乐、品德与社会、科学等学科内容，进行美术创作与展示，并发表创作意图。”

学生通过本单元的学习，能整体观察感受彩灯的造型、色彩、材质、空间等形式特征，并根据材料特点进行创作，表达自己的思想和情感；能够正确感受和认识美的独特性和多样性，形成基本的审美能力和健康的审美趣味；能通过语言、文字和图像等表达自己的审美感受，用美术的方式美化生活和环境，从而进一步提高美术的创新意识，并不断加以改进和优化。学生通过本单元的学习，逐渐学会从文化的角度观察和理解美术作品，了解美术与传统文化的关系，认识中华优秀传统美术的文化内涵及独特艺术魅力。

单元核心素养目标	
审美感知	通过赏析彩灯，让学生体验节日文化的内涵，培养学生正确的审美观，提高学生感受美、欣赏美、创造美的能力。
艺术表现	能够运用现代媒材、技术和美术语言设计、制作彩灯，并表达自己的想法与情感。
创意实践	运用联想、想象，利用传统或现代等综合材料进行彩灯的创意制作。
文化理解	通过制作彩灯，理解中国彩灯文化中的追求光明、寓意平安、祈福祝愿等丰富的精神内涵，深刻体会中华传统文化的博大精深。

（二）教材分析

“灯彩辉映”是浙美版三年级下册第一单元课程内容，属于“综合·探索”学习领域。

本领域旨在让学生了解美术各领域之间的联系以及美术学科与其他学科的联系，通过对课程的学习，逐步将美术学科与其他学科融会贯通，提高综合解决问题的能力。本单元课程意在引导学生开展探究性、综合性的美术活动，认识美术与自然、生活、文化和科学之间的关系，展示学习成果，体验学习的乐趣与成功感。

“灯彩辉映”单元，教科书上选用的民间特色工艺品有昂首挺胸的金鸡灯、精美的传统宫灯、威武的中国龙灯等。教科书还展示了以红灯笼为例的花灯制作步骤，清楚地展示花灯的制作过程以及注意点，让学生能直观地了解花灯的制作工艺。本课教学还要让学生了解元宵灯会的来历、风俗习惯，感受节日文化带来的乐趣，同时掌握简单的花灯制作方法。课堂教学通过精心设问、合作探讨、动手探究，引导学生进行再创造，培养学生的主体意识和参与合作意识。

教学重点：

通过欣赏造型各异、色彩艳丽的花灯，了解元宵节灯会的来历、风俗以及花灯的制作工艺与制作材料。

教学难点：

用纸材等综合材料设计制作一盏花灯，表现出花灯的特点。

（三）学情分析

三年级的学生已经初步认识了形、色、造型等美术语言，学习使用过各种工具，体验过不同材质的呈现效果，能通过看一看、画一画、做一做等各种方法进行创作表现。在作业设计中，利用各学习领域之间的联系，引导学生自主学习，了解创作的基本方法。最后，鼓励学生收集身边的综合材料进行小组创作，与同学进行交流，表达自己的美好祝愿。第一课时，通过欣赏各种各样花灯造型，培养学生的审美观，让学生感受节日文化的乐趣。同时，向学生呈现彩灯中蕴含着人们对未来的美好祝福，引导学生进行平面绘画设计。第二课时，通过微课视频，启发学生利用身边的纸质材料进行花灯制作，最后运用联想、想象进行花灯的创意设计。

 作业实施

（一）课时一：纸艺花灯设计

1. 课前作业。

（1）根据所学知识，说一说中国的传统节日有哪些？

【设计意图】中国传统节日是中华民族传统文化的重要组成部分。让学生灵活运用所学知识或自己查找资料等，可以培养其收集、整理和筛选资料的能力。

（2）你了解多少关于元宵节的习俗呢？

【设计意图】检查学生课前预习作业的完成情况，引导学生对资料进行分析、筛选，

并组织语言进行简单的描述，与同学分享学习成果。让全体学生更进一步了解元宵节的来历及风俗，激发学生的学习兴趣。

2. 课中作业。

（1）说一说元宵节有哪些传统活动？

【设计意图】元宵节是中国传统节日，在元宵节时常常举行赏花灯、猜灯谜、舞狮子、踩高跷等活动。让学生把自己观察到的图像、动作、色彩等内容用语言描述出来，表达对中国传统文化的初步理解。

（2）花灯的种类繁多，你能正确说出它们的名字吗？

【设计意图】通过欣赏丰富多样的宫灯、花篮灯、祥龙灯、老虎灯、西瓜灯等，让学生感受元宵节灯彩辉映的华美及传统工艺的精湛，为第二课时创作花灯做铺垫。

（3）说一说花灯给你带来的感受。

【设计意图】用开放式的问题创设情境，把学生带入特定的情境中，为后面的教学做铺垫。

（4）你能试着说出这些花灯的不同寓意吗？

【设计意图】花灯不仅可以增加节日气氛，还有追求光明、祈祷平安、人丁兴旺、吉祥如意的寓意。不同的灯有不同的寓意，如：鸳鸯戏水灯比喻家庭幸福、美满；金鸡报晓灯寓意吉祥向上；莲花灯寓意祈福祝愿；鲤鱼灯祝福人们年年有余，幸福长久。学生通过观察彩灯的造型、纹样、色彩等联想寓意，激发学习的兴趣，在轻松愉快的氛围中探究传统文化，增强对中国传统文化的理解与认同。

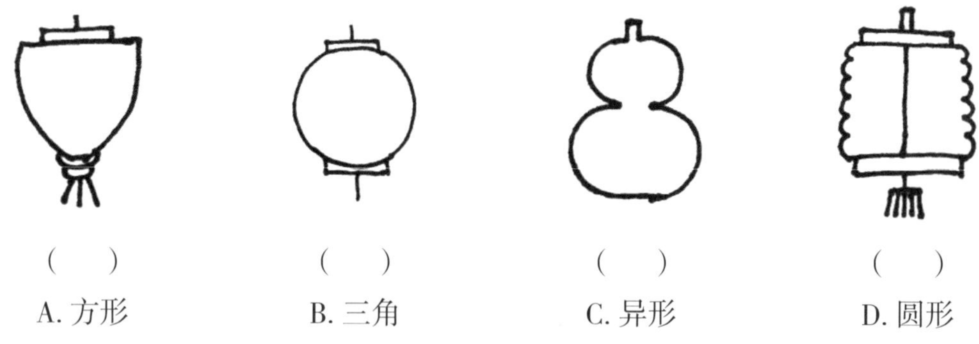

（5）你能归纳出花灯的基本造型吗？请将正确选项填在括号中。

【设计意图】花灯的基本外形由方形、三角形、圆形、多边形等组成。让学生学会观察与归纳，学会从整体到局部（细节）、再到整体的观察方法，培养造型表现和整体概括的能力。

（6）根据自己的喜好，设计一个造型独特、图案美观且有寓意的花灯。

【设计意图】从欣赏到实践，有助于学生更好地发展美术思维与创造力。

（7）欣赏下列作品，说一说自己的想法，并向同学介绍作品。

【设计意图】激发学生表达的欲望，通过自我评价、学生评价、教师评价，让学生学会虚心听取别人的意见，初步掌握分析作品的方法，取长补短。

★小组绘画作品展示

3. 课后作业。

请同学们观看微课视频，为自己设计的花灯寻找合适的制作材料。

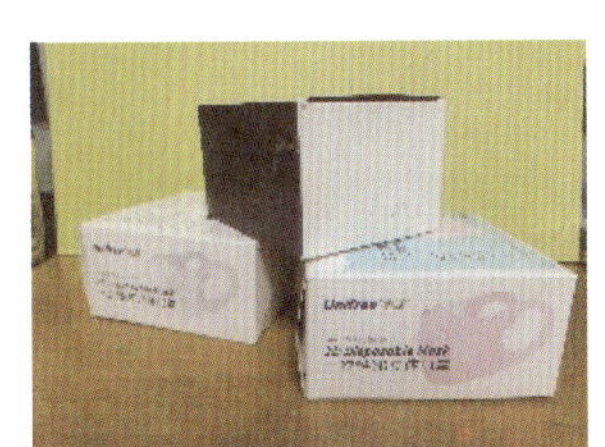

【设计意图】通过视频了解生活中可以利用的各种媒材，让学生在课后收集生活中的废旧材料，如纸盒、纸杯、纸盘、药盒等，不仅能培养学生变废为宝的环保意识，更能激发学生对媒材形状、肌理和色彩的兴趣，展开联想，为自己设计的花灯寻找最适合的制作材料。

（二）课时二：创意花灯设计

1. 课前作业。

从微课视频中学习和掌握花灯的制作方法，请将正确的选项填在括号里。

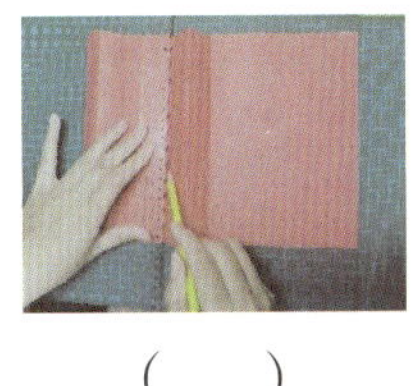

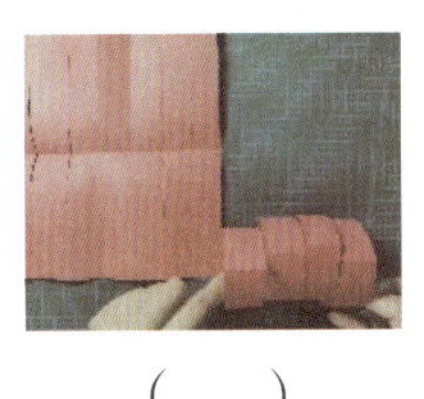

(　　)　　(　　)　　(　　)　　(　　)　　(　　)

A. 画　　B. 粘　　C. 卷　　D. 折　　E. 剪

【设计意图】判断制作步骤，可以有效检测学生微课学习的效果。经过画、折、剪、卷、粘，完成一个简单花灯的外形制作，让学生快速掌握从平面到立体的转化过程，为进一步学习立体花灯的制作打下基础。

2. 课中作业。

（1）根据上节课设计的花灯画稿，进行第一次四人小组合作创作。

【设计意图】小组合作学习是全面发展学生的综合素质，培养学生合作意识的一种途径。四人根据所备材料，在小组中选择一张大家共同认可的彩灯设计稿，进行小组共同创作。通过小组合作、同伴互助，学生主动参与学习，提高了自主分析问题和解决问题的能力。

★小组一次合作作品展示

（2）请同学们认真观察各小组的花灯作品，说出它们分别用到了哪些装饰方法。

【设计意图】通过观察各组制作的彩灯作品，让学生了解花灯可以采用不同的装饰方法，如用画、刻、折或贴等装饰方法可以使花灯更加美观、有特色，为再次设计彩灯拓展创作思路。

（3）进行第二次四人小组合作创作。

【设计意图】通过欣赏同龄人的作品，打开学生的设计思路，掌握更多的制作方法。通过自我评价、学生评价、教师评价等方式，让学生学会虚心听取别人的意见，初步掌握分析作品的能力，并在老师的鼓励下增强自信，进一步明确创作目标和努力的方向。

★小组二次合作作品展示

3. 课后作业。

（1）除了可以用纸材来制作花灯，想一想，还可以用什么材料来制作？

【设计意图】让学生知道同一个事物可以用不同的材料、不同的方法来表现，从而激发学生创作的热情。动员学生在课后收集废旧材料，如药瓶、一次性杯子、易拉罐、塑料盒等，树立变废为宝的环保意识，培养学生做生活的有心人。

（2）利用身边的废旧材料，与父母或同学一起设计、制作一盏花灯，并把作品拍照发送到班级微信群和同学们一起分享，再用几句话介绍花灯。

【设计意图】引导学生根据自己的兴趣与特长去寻找、发现生活中不同的材料，进行花灯的设计与制作，培养学生的个性与创造性思维。学生与父母长辈或同伴共同设计制作，不仅能增进友谊、增强亲子间的互动交流，还能让学生在花灯创作中感受美、表现美、创造美，深刻体会中国传统节日的文化内涵。

★课后亲子作业展示

三 总结与点评

本单元作业设计以认知规律为依据，按照了解—理解—掌握—运用—创造的顺序进行，体现了趣味性、实践性和综合运用各学科知识的能力，充分展现了美术学习的快乐过程。本单元作业设计主要体现以下三个特点。

（一）关注传统，感悟民族文化之美

本单元的学习与作业给学生提供一个走入传统、感悟民族文化之美的机会。教师基于三年级学生的心理特征、学习领域要求、教学目标等，围绕“元宵灯会”这个议题，将作业定位为活动类型；通过基础性、探究性和拓展性等不同层次、类型的作业，让学生在查阅资料、收集整理、筛选信息、交流分享、创意设计、实践表现中自主学习、合作探究；让学生了解丰富多彩的中国传统节日，尤其是元宵节的来历和习俗、灯文化的寓意内涵等，感知传统花灯的形式美、人文美，激发学生对祖国、家乡传统文化的热爱及深入探究

的欲望。

（二）关注生活，提高解决问题能力

新时代美术教育的核心在于培养学生在真实情境中解决复杂问题的能力，培养学生发现问题、解决问题的能力。本单元作业设计教师始终以问题引导学生探究，如“你能设计一个造型独特、图案美观且有寓意的花灯吗？”“怎样装饰花灯会更美？”“你能为自己设计的花灯寻找到合适的材料吗？”这些与生活相关的问题，让学生在完成本作业的同时，自然而然地关注流传至今的传统经典花灯与现代改良花灯在造型、纹样、色彩和材质上的不同特点，从中寻找问题的答案与解决问题的方法，寻找设计制作花灯的素材与灵感，真正理解传承与创新的意义。

（三）关注情感，家校互动以美育人

国家的“双减”政策旨在减轻学生过重的课业负担，鼓励学生在课余积极参与各类艺术活动，保障学生身心健康成长，推进家校协同育人共同体建设。本单元两次课后拓展作业，教师紧抓育人要素，进行积极有益的尝试：第一次，要求学生在课后收集生活中的废旧材料制作花灯，不仅能培养学生变废为宝的环保意识，还能激发其创作灵感，懂得发现身边事物的美好；第二次，要求学生与父母或同学一起设计、制作花灯，这样的作业形式不仅能在课后活动中增进同龄人之间的情感交流、团结协作，更能促进建立良好的亲子关系与和睦相爱的家庭氛围，家校互动，以美育人。

（点评教师：福州市台江区教师进修学校　郑冰心）

参考文献：

［1］中华人民共和国教育部．义务教育美术课程标准（2011 年版）［M］．北京：北京师范大学出版社，2012.

［2］福建省义务教育学科教学指导意见 美术［M］．福州：福建人民出版社，2018.

［3］腾守尧．中外综合式艺术教育一百例［M］．西安：陕西师范大学出版社，2002.

初中组

“纹样与生活”单元作业设计

课程名称：“纹样与生活”单元作业设计
教材版本：《义务教育教科书 美术 八年级上册》（人教版）
设计教师：厦门外国语学校　陈容容
指导教师：厦门市教育科学研究院　郑宝珍

 课程主题概述

（一）核心素养目标

“古早味”是闽南人形容古旧味道的用词，可以理解为世代相传的风情与滋味，这里泛指有文化积淀和特色的事物。“古早味”纹样设计指用于工艺美术中有文化积淀和特色的装饰花纹图案设计。本单元作业设计从这个核心美术语言出发，构建一套具有连续性、递进性和多样性的单元教学目标体系，以达成对“古早味”纹样元素的提取、设计及运用的单元研究目标。本单元作业设计通过对纹样写生、设计过程的剖析，帮助学生了解具有厦门地域特色的优秀文化元素，掌握纹样写生和设计的方法，培养学生学以致用的意识，激发热爱家乡、热爱本土经典优秀文化的情感。

单元核心素养目标	
审美感知	1.通过观察生活中的纹样作品，从纹样设计的艺术语言、表现形式与方法上认识具有文化积淀和特色的“古早味”纹样所具有的审美特征。 2.通过对富有生活情趣的纹样的观察与设计尝试，感受生活与艺术的联系，培养学生对地方文化艺术的认同感。
艺术表现	1.通过欣赏、对比、分析、讨论等方法，引导学生掌握纹样设计的知识。 2.运用概括、夸张、想象等方法设计生活中的典型纹样，提高纹样设计的能力。
创意实践	1.运用概括、夸张和想象等方法，对所选取的“古早味”形象进行纹样的设计、提炼。 2.通过体验纹样写生、提取和设计的过程，培养学生在生活中收集素材、运用素材的能力，提高色彩搭配能力，激发学生敢于表现、勇于创新的精神。
文化理解	1.让学生学习、体验厦门地域特色“古早味”纹样的设计及运用，培养学生热爱家乡、热爱本土经典优秀文化的情感。 2.将不同地域文化背景的生活纹样与课程内容进行有效联结、拓展，培养学生对世界多元文化的尊重与认同。

（二）教材分析

“纹样与生活”是人教版八年级下册第二单元内容，属于“设计·应用”领域的课程，内容一共两课（共 2 个课时）：第一课的内容是了解纹样及纹样与生活的关系，让学生通过了解纹样的作用，掌握纹样的类别及其色彩搭配、构图等方面的知识；第二课的内容是设计纹样，介绍纹样写生和纹样设计的方法，进而美化生活。本单元作业设计以“古早味”的敦煌纹样和闽南地域特色纹样为探究对象，让学生从生活实际出发，通过查找和观察生活中“古早味”的纹样作品，从纹样设计的艺术语言、表现形式与方法上认识具有厦门文化积淀和特色的“古早味”纹样所具有的审美特征；学习“古早味”纹样设计的方法，通过动手实践，为生活增彩。

教学重点：纹样的构图、组织形式及纹样设计的方法。

教学难点：运用纹样设计的基本方法，完成一幅具有“古早味”的纹样设计作品，美化生活。

（三）学情分析

八年级的学生已经具备基础的设计能力和造型能力，对于配色和线描写生等方法也有初步的了解。同时，学生乐于探索自己身边新颖、新潮的视觉形象，动手实践能力较强，勇于创新、喜欢求异。因此，本单元作业设计强调从审美感知入手，侧重学生的艺术表现与创意实践素养的提升；鼓励利用各种方式搜集信息，进行分析、思考和探究，联系现实生活，对物品和环境进行符合实用功能与审美要求的创意构想，并通过草图、模型等予以呈现；与他人交流，不断改进和优化自己的创意，进一步强化“文化理解”素养，提升对民族文化的自豪感、认同感。

结合学生的特点，本单元第一课选取当下热门的古早味“国潮”纹样元素为单元知识整合点，引导学生从网红敦煌诗巾纹样入手，过渡到厦门地域“古早味”元素的纹样设计、运用的探究。通过“国宝设计师”这个角色的设定来开展实践活动，在教学过程中采取循序渐进的方法，师生共同探索纹样、解析图例、分享纹样设计案例，引导学生学习纹样设计方法，让学生将所设计的“古早味”纹样运用到特定的产品上，达到真正的学以致用。

 作业实施

（一）课时一：认识“古早味”纹样，初步体验纹样设计

活动内容 1：问“古早”之意，寻纹样之美。

【活动目标】

（1）了解纹样在生活中的广泛运用。

（2）掌握纹样的题材、色彩搭配、构图及纹样组织形式的基本知识。

【活动任务】

（1）根据学习单，了解什么是“古早味”纹样（课前）。

（2）观察并拍摄身边的“古早味”纹样（课前）。

（3）分享讨论自己所拍摄的“古早味”纹样（课中）。

（4）再次观察学校和家中的“古早味”纹样，进行知识的巩固与迁移。（课后）

【评价要点】说出你所拍摄的“古早味”照片是什么纹样以及对该纹样的理解。它哪里吸引了你？

【活动难度】低。

【活动时长】10 分钟。

【活动形式】查阅资料并拍摄家中纹样带到课上分享。

【作业具体要求】要求学生写出所拍摄纹样的题材、色彩、构图和组织形式。

【设计意图】引导学生通过课前探究活动，结合已有的知识经验，在预习纹样新课知识的基础上，初步认识“古早味”纹样的基础知识，为后面的纹样设计学习奠定基础。

单元活动作业 1 **身边的“古早味”纹样**

纹样题材：几何纹样
纹样色彩：类似色配色
纹样构图形式：对称式
纹样组织 形式：连续式
（四方连续）

铺有几何纹样花砖的地板

班级 名字 座号

作业参考模板

【对标核心素养】审美感知。

活动内容 2：赏“古早”敦煌，解锁“敦煌诗巾”小程序。

【活动目标】

（1）纹样的题材、配色，纹样的构图与组织形式。

（2）欣赏“古早味”敦煌纹样元素，理解“古早味”敦煌纹样在实际生活中的美化作用和人文价值。

（3）理解并掌握在“敦煌诗巾”小程序上，定制一条敦煌纹样丝巾需要考虑的四个要素：纹样题材、纹样配色、纹样构图和纹样组织形式。

【活动任务】

（1）了解什么是“敦煌诗巾”。（课前）

（2）学习并分析敦煌“古早味”纹样。（课中）

（3）根据微视频学习对拍摄的“古早味”纹样图片进行标注，如写上它属于什么题材的纹样，采用哪一种色彩搭配，运用哪一种构图形式。（课中）

（4）打开“敦煌诗巾”小程序，体验在线制作纹样的乐趣。（课后）

【评价要点】趣味性、参与性。

看图说出“敦煌诗巾”的题材和构图（选择连线）。

【活动难度】中。

【活动时长】10 分钟。

【设计意图】学生通过分析经典纹样与在线制作纹样，体验纹样的魅力，对所学的纹样知识进行内化和迁移。

【对标核心素养】审美感知。

活动内容 3：探寻厦门“古早味”，学习纹样设计方法。

【活动目标】

（1）理解纹样写生和纹样设计的方法。

（2）掌握概括、夸张、想象等纹样设计方法。

【活动任务】

（1）了解并讨论什么是厦门“古早味”。（课前）

（2）厦门三角梅纹样的写生和设计运用。（课中）

（3）运用拍摄到的“古早味”纹样，装饰“国宝设计师”的 T 恤。（课中）

【评价要点】参与性、趣味性、画面的创意性。

（1）你能说出五个你觉得能代表厦门“古早味”的事物吗？说出你选它的理由。

（2）请说说在用“古早味”纹样装饰 T 恤的活动中，你汲取到哪些纹样设计的灵感？

（3）如果将三角梅纹样运用到“国宝设计师”的 T 恤上，你会怎么组织设计？

【活动难度】中。

【活动时长】25 分钟。

【作业具体要求】学生根据课前拍摄到的“古早味”纹样照片，提取纹样及色彩，装饰“国宝设计师”的白色 T 恤。

【设计意图】初步体验纹样设计的魅力，感受纹样设计师的工作。

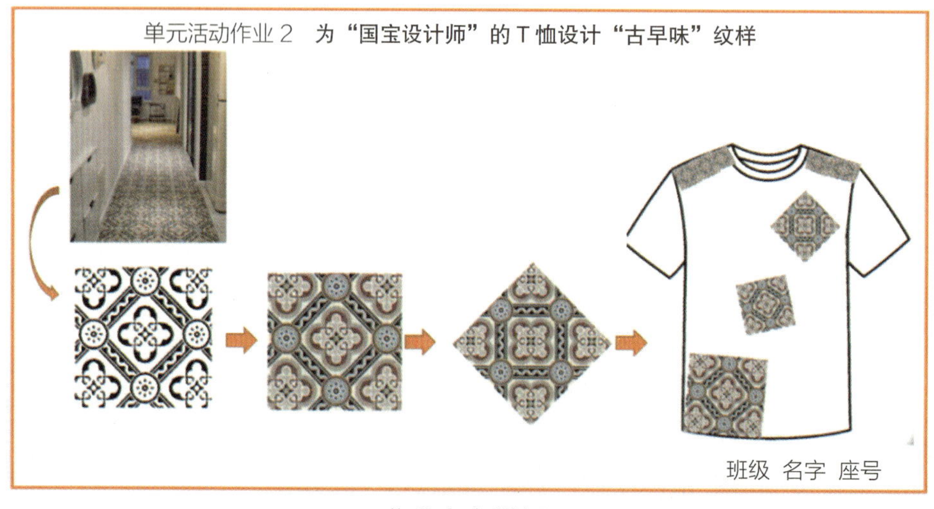

作业参考模板

【对标核心素养】艺术表现。

（二）课时二：设计厦门“古早味”，纹样创意表现

【活动目标】

（1）学会挖掘厦门“古早味”元素，掌握纹样写生和设计方法。

（2）引导学生运用概括、夸张、想象等设计方法，提炼厦门“古早味”纹样，并能进行创意表现。

【活动任务】

（1）对2017年厦门金砖会议期间，志愿者服饰中的白鹭纹样进行赏析和讨论。（课中）

（2）选取一个厦门“古早味”元素进行纹样设计，并将纹样装饰在特定的物品上。（课中）

（3）展示、分享厦门“古早味”纹样设计作品，评选厦门最佳“国宝设计师”。（课中和课后）

（4）赏析、讨论厦门“古早味”见南花花砖的设计制作。（课后）

【评价要点】参与性、画面的创意性、创新能力、动手实践能力、家园情怀体现等。

（1）你所设计的代表厦门的“古早味”纹样是什么？你对纹样的形象满意吗？

（2）加入了厦门“古早味”纹样装饰的设计品亮点在哪里？如果你是厦门的国宝设计师，你会如何利用“古早味”纹样宣传厦门文化？

【活动难度】高。

【活动时长】30分钟。

【作业具体要求】像设计师一样工作，根据选取的代表厦门“古早味”的形象，进行纹样设计及创意运用。

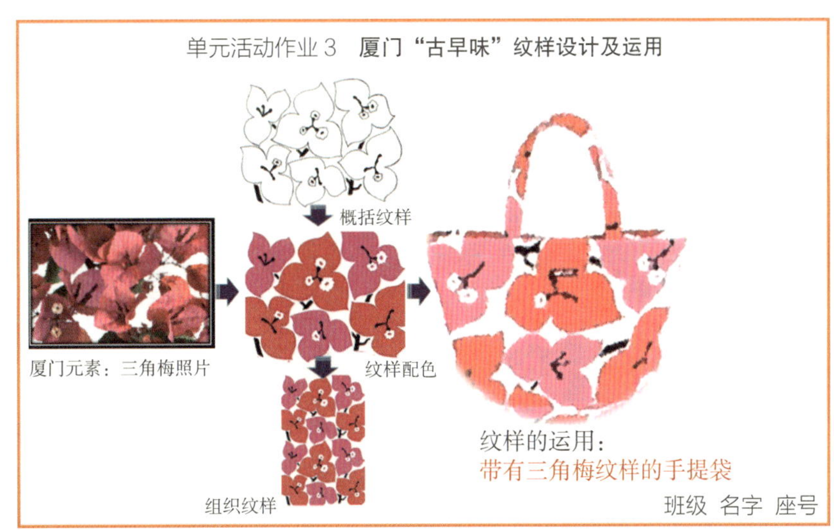

作业参考模板

【设计意图】巩固所学知识，体验和分享厦门“古早味”纹样设计的喜悦与乐趣，培养学生热爱家乡的情感。

【对标核心素养】创意实践、文化理解。

 总结与点评

弘扬优秀传统文化，传承民族民间艺术，培养学生各学科核心素养是当代教育的主旋

律，但是，如何精选优秀的家乡文化进行课程设计，有效达成立德树人目标，并在教学中落实学生的核心素养却是当前教育须解决的重要问题。本单元作业设计中，陈老师选择闽南本土的优秀传统文化元素，切入美术单元教学和作业设计的实践，是一个富有意义的教学探索过程。

首先，关注家乡文化与生活，升华纹样设计单元课程内涵。文化是个人精神世界的根和魂。对于家乡文化与生活的感知与体验，是孩子们成长过程中“人文情怀”蓄养的重要内容。陈老师在本单元作业设计及实施过程中，擅于抓住和利用家乡文化元素，激发学生学习纹样设计的热情。如在纹样设计方法的学习中，让学生结合白鹭、三角梅等图片，探讨、概括纹样的组织形式及方法；再如，对白鹭写生微视频、金砖会议志愿者“一鹭向前”的纹样、厦门机场背景墙的古厝纹样等具有地域文化特色的教学资源的运用，既能拉近课程与生活的关联，激发学生学习纹样的兴趣，更能依托所学习内容，增进学生对本土文化艺术、当代生活的了解与认识，并在持续不断的升级过程中，逐步演变成理解与热爱，达成厚植文化之根、培育爱乡爱国情怀之目标。也因此，本案例不仅具有浓郁的设计课程的特质，更具有鲜明的文化特征，符合美术课程具有人文特性的课标导向。

其次，设计多层推进体验活动，有效促进美术核心素养落地。尹少淳教授在其《文化·核心素养·美术教育——围绕核心素养的思考》一文中写道：“知识与技能必须运用到解决问题的情境之中，才会有生命力，对学科核心素养的形成发挥独特的作用。”因此，选择和创设问题情境，引导学生选择和运用知识与技能成为我们最重要的教学策略。陈老师在本单元教学中，通过各种方式向学生展示纹样设计师的工作，有效提升学生对厦门“古早味”纹样设计方法的理解与运用能力。如寻找并拍摄身边的“古早味”纹样、为“国宝设计师”的T恤设计“古早味”纹样、厦门“古早味”纹样设计及应用等三个阶段的作业，从发现了解到理解学会再到运用创新，逐级上升，引导学生经历“像设计师一样思考、工作”的过程，在真实的任务情境中，帮助学生在知识与技能的选择、运用过程中，有效转化为能力与素养，有效实施美术核心素养落地教学。

（点评教师：厦门市教育科学研究院　郑宝珍）

参考文献：

［1］王大根．基于美术核心素养的大单元教学［J］．中国美术教育，2019（6）．

［2］中华人民共和国教育部．义务教育美术课程标准（2011 年版）［M］．北京：北京师范大学出版社，2012.

［3］上海市教育委员会教学研究室．中小学美术单元教学设计指南［M］．北京：人民教育出版社，2019.

［4］尹少淳．美术核心素养大家谈［M］．长沙：湖南美术出版社，2018.

“外国美术名作巡礼”单元作业设计

课程名称：“外国美术名作巡礼”单元作业设计
教材版本：《义务教育教科书 美术 九年级下册》（人教版）
设计教师：厦门市海沧中学 连爱芳
指导教师：厦门市海沧中学 周永芬

课程主题概述

（一）核心素养目标

优秀的美术作品，不仅能带来美的享受，更能给人身临其境之感。它们所蕴含的独特文化内涵与审美趣味，反映了所处时代的历史、文化、民俗、经济、政治等方方面面，它们是时代的结晶，也是历史发展的见证。本单元作业设计从核心素养培育角度出发，构建多层级、立体、可评价的单元目标，并通过层层递进的课堂活动与课外活动的设计，连接课堂、艺术与生活，丰富学生的艺术鉴赏经验与表达方式，提升学生对艺术作品的认知、感受能力，渗透美育思想，达成本单元教学目标。

单元核心素养目标	
审美感知	通过分析美术作品的图像信息，准确理解美术作品所传达的内涵；掌握美术作品赏析的一般方法，感受外国美术作品的丰富多彩及世界文化的多样性，学会尊重世界的多元文化。
艺术表现	能结合不同时期、不同地域外国美术作品的特征，了解作品的文化背景，并通过历史文化背景分析美术作品风格形成的原因，以个人评述、小组演绎的形式，表达对美术作品的理解。
创意实践	能结合文化背景，选择代表性外国美术作品，进行模仿、还原，个性解读与演绎。
文化理解	能够根据美术作品的风格特征，从文化内涵的角度展开联想，找寻美术作品风格形成的原因，理解世界美术的多元性。

（二）教材分析

“外国美术名作巡礼”单元内容包含《丰富多彩的亚非拉美术作品》和《各具特色的欧美美术作品》两课。教材选取经典的外国美术作品，旨在通过对经典作品的欣赏分析，使学生了解不同地域、不同文化对美术作品创作内容和创作形式所产生的影响。

教材信息	《美术》（人教版）九年级下册　第一单元
课时数量	3
课时内容	第一课：《丰富多彩的亚非拉美术作品》一课涉及亚洲、非洲、拉丁美洲等地区的美术作品，力图通过对具有代表性的作品的赏析，帮助学生了解不同地域、不同文化对美术作品风格形成的影响，引导学生建立一个宏观的亚非拉美术作品印象，并掌握作品欣赏的方法。
	第二课：《各具特色的欧美美术作品》一课以欧洲美术数千年发展史中的三次高峰为重点，展示古希腊和古罗马时期、文艺复兴时期、19 世纪这三个高峰时期的杰出作品、画家与画派，同时对中世纪、17 世纪、18 世纪和 20 世纪的美术作品给予简明扼要的介绍。
	第三课：《创意名画模仿秀》在前两课知识基础上，综合表演、音乐、文学等多学科知识，以艺术还原、演绎的形式，再现名画风采与故事。
教学重点	学生能够从艺术特征与文化内涵角度赏析美术作品，运用多学科知识个性解读、模仿、演绎美术名作。
教学难点	让学生了解不同地域、不同时期美术作品风格形成的原因。

（三）学情分析

本单元教学对象是初三学生，该学段学生有敏锐的观察力，具备一定的文化素养和知识积淀，在课堂中能够联系已有的知识积累表达个人观点。在合作探究活动中，该学段的学生已经具备较好的调控力和自主性，能够自主组织安排探究任务，并进行讨论分析，这些都为本单元的活动展开提供了良好的基础保障。

在信息技术高度发达的今天，学生能通过各种媒介与途径接触到古今中外的美术作品，但往往停留于表象的分析，难以深入其中去理解作品的内涵。所以，本单元教学力图在学生已有美术欣赏方法的基础上，引导他们深入思考美术作品与地域文化、时代环境、审美观念的关系，学会从艺术特征及文化内涵两方面欣赏、评述美术作品。

二　作业实施

（一）课时一：丰富多彩的亚非拉美术作品

课前探究　知识前测

【活动形式】资料收集与整合。

【活动难度】中。

【活动时长】30 分钟。

【活动任务】学生依据不同的地域（两河流域、印度、柬埔寨、埃及、玛雅）进行小组划分，开展课前探究性学习活动，分别收集与整理五个地域具有代表性的美术作品的图文资料。

【活动具体要求】

1. 选择下列一个研究项目，进行探究性学习活动。

亚洲美术：印度（　　）、两河流域（　　）

非洲美术：埃及（　　）　　拉丁美洲美术：玛雅（　　）

2. 建议从以下几个方面展开所选择研究专题的探究活动。

（1）所承担地域的典型代表作品 3 ~ 5 张（包含课本上的作品），并附作品的基本信息（如作品名称、时代）。

（2）选择其中的一幅作品，从作品造型、色彩、形式美感、意义内涵等方面进行深入分析。

（3）该地域的文化背景（主要侧重了解宗教信仰）。

（4）结合以下问题进行探究学习：该地域的文化与美术作品特征的形成有何关联？该地域美术的典型性特征是什么？

3. 研究汇报。

汇报形式：PPT 图文解说、Word 文档图文解说、实物图片、书籍演示解说、视频或 flash 动画形式配合解说。

汇报要求：选择上述形式中的一种，推荐小组代表进行本组研究项目的汇报。汇报内容以美术知识为主，文化信息为辅，时长为 3 ~ 5 分钟。

【对标核心素养】审美感知。

【评价要点】参与性、探究性能力、调控性能力、信息技术实践能力。

【设计意图】通过课前探究活动，学生能够对不同地域美术作品的风格、文化有基本了解，为后面的自主深入分析奠定基础。

课中实践　知识内化

【活动形式】描述、分析、讨论、表达、选择、评述。

【活动难度】中。

【活动时长】23 分钟。

【活动任务】

1. 自主探究，图像识读：观察作品《持莲花菩萨像》，识读画面中传达的信息。

2. 合作探究，文化理解：小组合作，从下列地域选择一件美术作品，分析作品特征，探究该地域的文化对美术作品风格形成的影响。

亚洲《垂死的狮子》

埃及《金字塔》

墨西哥《库库尔坎金字塔》

新巴比伦王国《伊斯塔尔门》

3. 随堂检测，巩固新知。

（1）单选题：葛饰北斋的经典名作《神奈川冲浪图》属于（　　）。（审美感知）

A. 丙烯画

B. 铅笔画

C. 浮世绘

D. 水彩画

［说明］考查学生对美术表现形式的了解。

（2）单选题：墨西哥境内的太阳金字塔是（　　）。（审美感知）

A. 陵墓　　B. 神庙　　C. 宫殿　　D. 纪念坛

［说明］考查学生对拉丁美洲文化与艺术的了解。

（3）简答题：请联系柬埔寨地域文化，从造型、色彩、表现手法、文化内涵等方面分析《吴哥窟四面佛像》。（文化理解、审美感知）

［说明］考查学生对亚洲经典美术作品的了解。

【对标核心素养】审美感知、文化理解。

【评价要点】参与性、审美性、协作性、探究性实践能力。

【设计意图】三个环节活动循序渐进，学生能够通过由浅入深的美术作品赏析，建构美术作品欣赏的方法，内化知识，形成美术基本素养。

课后拓展　能力迁移

【活动形式】角色扮演、演说。

【活动难度】中高。

【活动时长】10 分钟。

【活动任务】“中国好导游”评选：从课前收集的作品中选择一幅本节课未曾展示的亚洲、非洲、拉丁美洲美术作品，结合征集要求，重新作书面评述，并录制演说小视频，分享至班级群。

【活动具体要求】

（1）能从艺术特征及文化内涵上为游客解析地域作品。

（2）有良好的语言表达能力，语言清晰流畅。

（3）风趣幽默，能活跃旅途气氛。

【对标核心素养】审美感知、文化理解。

【评价要点】表达能力、创意性、文学素养、趣味性。

【设计意图】学生通过活动将课中内化的知识在具体情境中进行迁移应用，进而提高在现实中发现问题、解决问题的能力。

【课时活动评价】

1. 学生的自我评估和反馈。

（1）通过本课学习与活动体验，你会如何向你的朋友和家人介绍这些地区的美术作品？

（2）你如何理解亚非拉美术的丰富性与独特性？请举例说明。

（3）你认为自己的演说小视频哪些地方的表现最好？你的演说小视频是否说明了亚非拉美术特征与地域文化的关联？从他人的演说视频中，你学习到哪些知识？

2. 教师评价。

等级	具体内容	评价
水平 1	能基本抓住作品艺术特征，从造型、色彩、表现手法上描述作品，获得初步的审美能力与表达能力。	合格
水平 2	能联系文化背景与地域特征介绍美术作品，准确分析作品特征，语言丰富，有感染力。	良好
水平 3	能结合所学知识，创造性地介绍美术作品，准确运用美术语言对美术作品的艺术特征与文化内涵进行深入分析，语言幽默风趣，条理清晰。	优秀

（二）课时二：各具特色的欧美美术作品

课前探究　知识前测

【活动形式】资料收集与整合。

【活动难度】低。

【活动时长】20分钟。

【活动任务】学生依据作品所处的时期、流派进行小组划分，开展课前探究性学习活动。分别收集、整理欧美五个时期具有代表性的美术作品的图文资料，用简要的文字对本组探究成果进行概述。

【对标核心素养】审美感知。

【评价要点】学生能够充分运用上节课所学的欣赏方法，简要评价欧美美术作品。

【设计意图】通过课前探究活动，学生可以联系在课时一获得的知识经验，在资料的收集与整理中快速形成对不同时期欧美美术作品的基本印象，为后面更加深入的自主分析奠定基础。

课中实践　知识内化

【活动形式】分析、讨论、判断、表达、选择、评述。

【活动难度】中。

【活动时长】22分钟。

【活动任务】

1. 知识迁移，图像识读：联系上节课所学知识，从艺术特征和时代背景角度自主归纳、分析不同时期欧美美术作品特征。

2. 合作探究，审美判断：小组讨论，为以下名画配对，并阐述配对的缘由。

《胜利女神》

《蒙娜丽莎》

《戴珍珠耳环的少女》

《向日葵》

《马蒂斯夫人像》

《尼金斯基》

3. 随堂检测，巩固新知。

（1）选择题：文艺复兴时期著名画家拉斐尔的代表作是（　　）。（审美感知）

A.《雅典学院》　B.《创世纪》　C.《蒙娜丽莎》　D.《教皇英诺森十世》

［说明］考查学生对文艺复兴三杰的了解。

（2）美国画家波洛克的代表作品《构成第10号》属于（　）。（审美感知）

A. 具象　　B. 意象

C. 抽象　　D. 工笔

［说明］考查学生对艺术作品风格的了解。

《构成第 10 号》

（3）简答题：对比下列两幅作品，简要分析二者的异同。（审美感知、文化理解）

［西班牙］委拉斯凯兹《教皇英诺森十世》

［挪威］蒙克《呐喊》

［说明］考查学生对具象艺术及意象艺术的了解。

【对标核心素养】审美感知、文化理解。

【设计意图】三个环节的活动既有自主探究，也有小组合作，学生可以在逐级的实践活动中提升文化理解能力和审美判断能力，养成团队协作与独立学习的习惯。

【课时活动评价】

1. 学生的自我评估和反馈。

（1）在本课中你是否积极参与了课堂活动？你在小组活动中扮演的角色是什么？

（2）你觉得影响欧美美术作品风格转变的重要因素有哪些？通过本课学习与活动体验，你对欧美美术作品有哪些新的认识？

2. 教师评价。

等级	具体内容	评价
水平 1	能基本抓住作品艺术特征，用语言从造型、色彩、表现手法上描述，对不同时期美术作品有基本的认识与判断。	合格
水平 2	能联系时代背景准确分析作品特征及形成原因，美术语言运用准确，有感染力。	良好
水平 3	能通过调查了解提炼要点信息介绍美术作品，准确运用美术语言对美术作品的艺术特征与文化内涵进行深入分析，语言幽默风趣，条理清晰。	优秀

（三）课时三：创意名画模仿秀

【涉及学科】美术、语言艺术、音乐、表演、世界历史等。

相关学科所涉及的主要知识点：

1. 美术：立体造型的表现方法，水粉、水彩等绘画手法，多角度解读美术作品的方法。

2. 语言艺术：想象作文的写作技巧与手法，流畅地进行语言表达。

3. 表演：无实物表演的技巧，准确抓取表演角色的特点。

4. 世界历史：世界历史进程的相关知识。

【活动时长】40 分钟。

【活动形式】模仿、编创、设计、演绎。

【活动难度】中高。

【活动准备】选择感兴趣的、具有代表性的外国美术名作（课堂上未曾分析过的美术作品），思考并完成以下内容：

活动研习单			
班级		姓名	
作品名称		画家	
年代		流派	
基本问题	1. 请运用课堂所学知识从艺术特征角度感知、描述、分析作品。 2. 查阅资料，分析作品的背景与意义。 3. 你如何看待这幅作品？你觉得画家真正想表达的是什么？你能模仿、还原作品画面吗？ 4. 根据作品的客观材料，说说作品“前世今生”的故事，以此创作故事剧本，并进行演绎。		

【活动实施】

1. 由 3~4 名学生自由组成团队，或者个人与家长组成团队。

2. 完成“活动研习单”后，依据作品画面内容，利用生活中已有的物品自行设计制作相关的服装道具，以真人模仿的形式再现作品内容。

3. 参与者可依据自身能力和条件选择相应的表现等级：

（1）“创意奇模仿”：还原作品场景，人物的动作、神情等，并拍照上传展示。展示图中应包含所选作品与模仿图片，并附上作品基本信息。

（2）“名画神还原”：创作与作品有关的故事剧本，并用表演或表演加解说的形式，展示所选艺术品的背景故事或美学规律，录制成小视频上传，并附上作品解读与剧本设计说明。

【对标核心素养】审美感知、创意实践、文化理解、美术表现。

【设计意图】学生通过“创意名画模仿秀”活动，对美术作品进行个性化赏析；从不同的视角，运用不同的形式对作品进行多方位解读；体验“像艺术家一样的思考”的过程：“为什么而画？画什么？怎么画？我要表达什么？”学生在实践活动中，把所学知识渗透和融入实践运用的过程，有助于把知识转化为素养。综合式的探究活动更考验学生的调控力和团队协作力，学生通过活动学会做事，进而学会做人，符合培养核心素养的要求。

【课时活动评价】

等级	具体内容	分值
水平 1	1. 服装道具准备基本符合作品特点，对作品的基本艺术特征把握到位。 2. 对所选作品有一定的理解，能客观评价作品，能模仿还原画面。 3. 能够结合作品背景、时代特征准确解读作品。	5
水平 2	1. 服装道具准备较好，有较高的自制水平，作品基本接近原作，对作品的基本艺术特征把握到位。 2. 对所选作品有充分的理解，能客观诠释作品，有创意地表现作品的前世今生的故事。 3. 能够结合作品背景、史料充分解读、演绎作品。	8
水平 3	1. 服装道具准备充分，自制能力高，作品还原度高，对作品的基本艺术特征把握准确。 2. 对所选作品有自己独到的理解，能转换视角诠释作品，有创意地表现作品的前世今生的故事。 3. 能够结合多学科知识，对所选作品背景史料深入解读。 4. 作品演绎能力较好，有一定的表演水平。	10

 总结与点评

美术课程倡导探索有效教学的方法，注重课程内容与学生生活经验紧密联系，通过学习学科必要的知识和技能，帮助学生在实际生活中领悟美术的独特价值，提高审美情趣，提升生活品质，形成美术学科核心素养。本单元作业设计，呈现以下两个特点。

（一）作业设计连接课前、课中、课后，注重多层级、跨学科知识的整合与迁移应用

“外国美术名作巡礼”单元作业设计和实施紧扣课标与学科核心素养要求，活动难易结合，注重知识的基础性、活动的层级性，达到了很好的效果。单元作业的设计分为课前探究、课中实践、课后应用。拓展活动“创意名画模仿秀”的设计从“探究材料处理—语言口头评述（中国好导游）—肢体、神情模仿还原（名画模仿）—语言、肢体、内容表演（名画表演）”逐层递进，循环上升，使整个活动从单一“欣赏・评述”领域向“综合・探索”领域延伸，从单一学科知识跨向多学科学习，从书面表达转向多元表现，充分体现了以学生为本、以能力素养发展为基础的活动设计理念。

（二）作业设计立足学科，将素养转化为持续的学习实践能力

“外国美术名作巡礼”单元作业设计在学生已经内化的知识基础上，综合造型、设计、

欣赏、实践等多领域、多学科知识，围绕“艺术家是如何思考的”展开综合性探究活动。从画面构图的设计，场景的安排，人物动态、着装、表情等方面反复论证作品表现的意义，并引导学生转换视角，突破常规思维，创造性地表达对作品的理解。在表现中，学生积极调动已有的生活经验与美术知识，从生活中选择合适的材料（物品），改造、布置、制作表演或模仿所需道具、环境、背景，甚至反串表演，让整个活动既有理性思考、意义还原，又兼具幽默性与创意性，激发了学生学习美术的兴趣，提升学生美术素养，达到五育并举的目的。

（点评教师：厦门市海沧中学　周永芬）

参考文献：

［1］夏雪梅．项目化学习设计：学习素养视角下的国际与本土实践［M］．北京：教育科学出版社，2018.

［2］余文森．核心素养导向的课堂教学［M］．上海：上海教育出版社，2017.

“什么是美术”单元作业设计

课程名称：“什么是美术”单元作业设计
教材版本：《义务教育教科书 美术 七年级上册》（人教版）
设计教师：厦门市海沧区教师进修学校附属学校 张彩金
指导教师：厦门市海沧区教师进修学校 颜贻寿

 课程主题概述

（一）核心素养目标

艺术源于生活，丰富多彩的生活为我们提供了丰富的创作素材。美术作品让日常生活场景得以艺术化呈现并保存，成为人类宝贵的精神文化财富。美术教育是教育体系的一个方面，应注重美术学习的衔接性，让学生从小学升入初中这个阶段能够较好地适应，并依据学生个体的身心发展特点，合理设计美术课程和单元活动作业。在美术教学过程中，使学生逐步形成热爱祖国优秀传统文化和尊重世界文化多样性的价值观。

单元核心素养目标	
审美感知	通过欣赏、感受和认识美的独特性和多样性，具备基本的审美能力，形成健康的审美趣味；能用形式美原理等知识，对自然、生活和艺术中的审美对象进行感知、描述、分析和判断；能通过语言、文字和图像等表达自己的审美感受，用美术的方式美化生活和环境。
艺术表现	运用传统与现代媒材、技术和美术语言创造视觉形象；了解并运用传统与现代媒材、技术，结合美术语言，通过观察、想象、构思、表现等过程，创造有意味的视觉形象，表达自己的意图、思想和情感；能联系现实生活，融合其他学科知识，自觉运用美术表现力，解决学习、生活中的问题。
创意实践	培养学生创新意识，学习和借鉴美术作品中的立意和表现方法，运用形象思维，大胆想象，尝试创造有创意的美术作品；能通过各种方式搜集信息，进行分析、思考和探究，联系现实生活，对物品和环境进行符合实用功能与审美要求的创意构想，并通过草图、模型、作品等予以呈现，表达对美术的独特认识。
文化理解	从文化的各个角度观察和理解美术作品、美术现象和观念，了解美术与文化、生活的关系，理解美术作品的多样性，学会尊重世界多元文化。

根据学生能力发展特点，结合学科核心素养维度，制订如下层次目标：

课题	核心素养维度目标	层次目标			
1.《富于创造力的造型艺术》	审美感知、文化理解： （1）理解什么是美术，感受自然美，了解美术与现实生活之间的关系。 （2）通过了解美术作品的题材、主题、形式、风格与流派，知道重要的美术家、美术作品以及美术与生活、历史、文化的关系。 （3）初步形成审美感知能力。 （4）理解美术是富于创造力的造型艺术。 （5）通过欣赏美术作品，了解美术作品的创作过程，体会美术作品的立意与表现，提高对美术学习的兴趣。	A知道、了解	B感受、理解	C应用、运用	D综合、创新
	创意实践、艺术表现： （1）多角度欣赏和认识美术作品，逐步提高视觉感受、理解与评述能力。 （2）初步掌握美术欣赏的基本方法，能够在文化情境中认识美术，理解美术与现实之间的关系。 （3）能够运用美术术语对美术作品进行简短评述。	A知道、了解	B感受、理解	C应用、运用	D综合、创新
	文化理解、创意实践： （1）提高学生对自然美、社会美和艺术美的认识。 （2）增加学生对美术作品和美术现象的学习兴趣，形成健康的审美情趣。 （3）崇尚文明，珍视优秀的民族文化，增强民族自豪感。 （4）根据所学知识，对美术其他门类的知识进行拓展性学习。	A知道、了解	B感受、理解	C应用、运用	D综合、创新
2.《美术是个大家族》	审美感知、文化理解： （1）了解美术学科特征以及美术的主要门类。 （2）学习美术学科的分类方法。 （3）理解美术各个门类的特征和功能。 （4）感受美术学科与生活的关系，体会美术学科的独特魅力。 （5）提升学生学习美术的兴趣，能够记住一些重要的美术家和美术作品。 （6）理解美术现象产生的原因，关注社会生活。	A知道、了解	B感受、理解	C应用、运用	D综合、创新
	创意实践、艺术表现： （1）掌握美术作品中不同门类所涵盖的种类和代表种类的风格特征。 （2）了解美术作品不仅具有审美功能，还兼具实用功能。	A知道、了解	B感受、理解	C应用、运用	D综合、创新
	文化理解、创意实践： （1）分析同一门类的美术作品之间的差异，知道形成的原因。 （2）认识到美术作品正以形象化、直观化的特征证明着人类社会和文明的进步，提升着人们的生活品位，促进着世界多元文化的传承与交流。	A知道、了解	B感受、理解	C应用、运用	D综合、创新

（二）教材分析

“什么是美术”是人教版美术教材七年级上册第一单元内容，属于“欣赏·评述”学习领域，包括《富于创造力的造型艺术》和《美术是个大家族》两课（共2课时）。本单元主要围绕“什么是美术”展开。第一课《富于创造力的造型艺术》通过理解美术是什么，美术与自然、社会之间的关系，引导学生发现美术与人类生活息息相关；通过进一步对美术作品的欣赏和分析，了解美术的概念以及美术作品的创作过程，理解美术是富于创造力的造型艺术。第二课《美术是个大家族》，通过欣赏和分析多样的美术作品，了解随着社会的发展和科学的进步，美术的门类和品种在不断增加，呈现丰富多彩的面貌；通过了解不同类别美术作品的特征与功能，深刻体会美术门类众多，是个大家族。

（三）学情分析

本单元活动适用于七年级学生，他们正处于从低年段到高年段过渡阶段，要接受知识的变化、思维方式的变化和学习方法的变化。相较于小学阶段，本单元学习容量大、内容更加多元化。在一系列质的变化中，学生能够围绕一定的主题，简单描述生活中有意义的事，能够按照自己的想法描绘周围的事物，表达自己的兴趣与愿望。大部分学生对于美术学习有着浓厚的兴趣，普遍具有对美好事物的感知能力，拥有健康的审美情趣。

这个阶段的学生已具备一定的基础美术知识，对美术学习和实践积累并掌握了一定的方式方法，能够简单结合自己已学过的美术知识进行美术评述、美术创作和应用设计。但班级之间、学生之间对美术课的兴趣，对美术知识的掌握和理解差距较大，部分学生想象空间狭小，作品表现力较弱。针对这个问题，本单元设计从审美感知入手，通过实践环节提升学生的艺术表现力和创意实践能力，在完成课前、课中、课后作业的过程中发挥小组合作的优势，感受周围同伴的美术学习能力。运用寓教于乐的分层差异化教学方法，带动部分在小学阶段上美术课没有激情的同学重获学习美术的幸福感，提升学习美术的信心，获得审美与情感的提升。设计多项拓展类学习活动，开展实践性、跨学科、长周期的综合类作业的研究与实践，提升学生“文化理解”素养，以期能在中学阶段进行系统化的美术学习。

二 作业实施

（一）课时一：富于创造力的造型艺术

1. 课前任务：作业单在上课前发放，引导学生做好课前探究性学习，上课时学生交流，便于教师开展下一步教学活动。

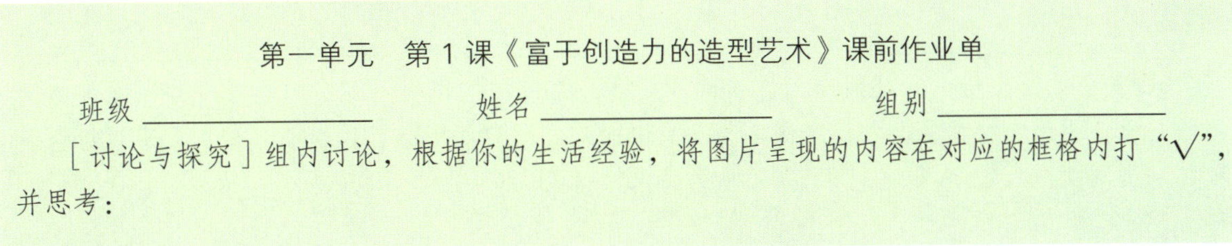

第一单元　第1课《富于创造力的造型艺术》课前作业单

班级＿＿＿＿＿＿＿＿　姓名＿＿＿＿＿＿＿＿　组别＿＿＿＿＿＿＿＿

［讨论与探究］组内讨论，根据你的生活经验，将图片呈现的内容在对应的框格内打“√”，并思考：

美术的起源					
	模仿（再现）说	游戏说	巫术说	表现说	劳动说
《汉漠拉比法典碑》					
《江山如此多娇》					
新石器时代劳动工具					
素描写生					
玩具					

1. 我们穿衣服的时候，需要考虑服饰的纹样、造型、色彩搭配，我们从出生就开始接触美术，那么，到底什么是美术？

2. 美术作品与现实生活的关系是什么？

3. 造型性是美术基本的特征，为什么说美术作品是富于创造力的造型艺术？

【设计意图】基于小学阶段的美术基础，本课作为学生踏入中学阶段的第一课，力图让学生在中学阶段对美术学习有一个全新的认识。在课堂的引导阶段，根据学生的认知发展水平，联系学生的生活经验，激发学生学习美术的兴趣，让学生在轻松愉悦的氛围中感悟美术作品，理解美术的真正意义。给学生创造更多感受和欣赏美术作品的机会，培养审美感知能力。引导学生了解人类文化的丰富性，在面对多样的文化时，用开放和包容的心态，和而不同、兼收并蓄的文化观念形成美术的基本素养。

2. 课中任务：上课前给学生发放学习单，在进行课堂教学活动时同步使用。

第一单元　第 1 课《富于创造力的造型艺术》课中学习单

班级 ________________　　姓名 ________________　　组别 ________________

［探究活动 1］视听《沁园春·雪》诗词朗诵，在诗词中出现了几种自然景观，联系你感受到的意境，描述你的感受，并结合课本第 3 页中的这几种自然场景，试着将这些自然景观组合表现在一个画面中。

创作栏

［探究活动 2］欣赏傅抱石、关山月创作的这幅《江山如此多娇》(中国山水画)，联系毛泽东的诗词《沁园春·雪》，体会画家在创作作品时的立意，回答下面的问题。

1. 这幅美术作品中的自然景观与真实的自然景观之间存在怎样的区别和联系？

2. 画中的物象都象征了什么？在构图、色彩和创作构思方面有什么作用？

3. 画家的作品和你的作品之间，除了表现技巧方面，还有哪些不一样的地方？

4. 如何理解美术是种创造性的造型艺术？

［作品简介］

傅抱石、关山月共同创作的巨幅中国山水画《江山如此多娇》，长 9 米，高 5.5 米，现置于人民大会堂主会场外大厅。作品为庆祝中华人民共和国成立十周年而绘制，以毛泽东创作的诗词《沁园春·雪》立意，两位画家运用各自独特的绘画技巧，巧妙地将祖国大江南北、长城内外的四季景色融为一画，高度运用浪漫主义和现实主义相结合的创作手法，展现了祖国大好河山的壮美。

小结：美术作品的产生，一是源于对自然景观的感受，二是需要独特的构思。

拓展：除了今天所学的中国山水画，你还知道哪些造型艺术？

【设计意图】本课的重点内容是让学生了解什么是美术，以及美术为什么是一门富有创造力的造型艺术。选择美术作品让学生自主探究，感受美术作品的独特魅力。它有别于文学、音乐，是富有造型的一门艺术，每一件美术作品的造型又因为美术家独特的创作构思和表现技巧而有所不同，极具创造力，以此突破教学重难点；通过拓展作业的设置，承上启下，引导学生自主探究性学习，同时对完成课后作业进行提前预设。

3. 课后任务：课堂教学活动结束后，为学生布置课后作业。

第一单元　第 1 课《富于创造力的造型艺术》课后作业单

思考：以下均是以“庆祝”为主题的美术作品，请你根据作品呈现的内容，试着说一说它们之间有着怎样的区别和联系？

【设计意图】一方面展现美术作为视觉艺术以其独特的造型性而呈现其审美特征，另一方面拓展学生的思维探索能力，在共性中找不同，激发学生学习美术的兴趣，同时，夯实本节课的学习重难点，实现教学目标，也对学习下一课《美术是个大家族》起到一定的铺垫作用。

4. 作业评价方式。

下面的评价表利用自评、互评、他评（师评、家长评）的多维度评价方式对学生进行综合评价。结合学生课堂表现进行课上课下双重评价方法。先由学生进行自评，再由小组同伴进行互评，最后由教师给出评价及评价意见。本表附在本课学习单后，由家长进行点评，学生自己进行总评后置入美术学习档案袋，作为学期过程性评价材料。

第一单元　第 1 课《富于创造力的造型艺术》课堂评价表

班级：		今日格言：生活中从不缺少美，而是缺少发现美的眼睛。——罗丹（19 世纪法国著名雕塑家，代表作：《思想者》《吻》等）	
作者：			
时间：		作品名称：	
组长：		小组成员：	
评价维度	评价方式	评价要点	评价等级
自主能力	自评	A. 是否对本课内容感兴趣； B. 掌握所学内容，从中掌握美术欣赏的知识与评价美术作品的技能； C. 能独立对《江山如此多娇》进行分析，完成相应学习任务； D. 上课认真听讲，知识、能力、价值观目标达成明确； E. 是否有兴趣和热情完成创作活动； F. 能否在活动结束时进行收拾整理。	☆☆☆☆☆
合作能力	互评	A. 全程参与资料的收集与整理； B. 针对问题的解决，组内分工协作，体现团队综合能力； C. 参与小组讨论，共同解决问题； D. 小组合作完成的作品具有创新性； E. 小组作品的完成度。	☆☆☆☆☆
探究能力	师评	A. 能够发表自己的看法，并提出问题； B. 积极参与讨论，并主动发言，语言表述准确，能够较为准确地说出问题的答案； C. 能够在理解作品的基础上，运用美术语言对《江山如此多娇》进行分析和判断，理解自然美与艺术美之间的关系； D. 大胆提出自己的想法，具有创造性思维，能用不同的方法解决问题，具有独立思考的能力； E. 主动学习，能够有意识地运用所学知识。	☆☆☆☆☆

续表

我这样评价自己：	
老师的话：	
家长的话：	
总评结果	☆☆☆☆☆

（二）课时二：美术是个大家族

1. 课中任务：上课前为学生发放学习单，在进行课堂教学活动时同步使用。

第一单元　第 2 课《美术是个大家族》学习单

班级＿＿＿＿＿＿＿　　姓名＿＿＿＿＿＿＿　　组别＿＿＿＿＿＿＿

［探究活动 1］课后作业展示与交流：根据图片呈现的内容，说一说以下美术作品分别是美术的哪些门类？

［探究活动 2］对比美术作品的形式并分析：北宋赵佶的《瑞鹤图》与董希文的《开国大典》在表现形式方面有何不同？董希文为什么要选取这样的方式来表现？

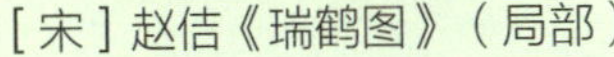

［宋］赵佶《瑞鹤图》（局部）

董希文《开国大典》

［探究活动 3］结合你的生活经验，完成下列表格。按照绘画的分类方法依次将绘画、雕塑、设计和建筑的相应类别列出。

	绘画	雕塑	设计	建筑
工具材料				
题材				
功能与用途				
表现形式				

［探究活动 4］除了以上四种门类的美术作品，你还能列举出哪些类型的美术作品？

［探究活动 5］随着不同年代审美的变化，从表现形式上分析中国人物画发生了哪些变化？

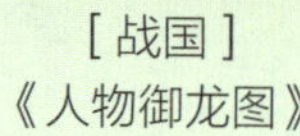

［战国］《人物御龙图》

［唐］《簪花仕女图》（局部）

［宋］《李白行吟图》（局部）

［清］《平安春信图》（局部）

［探究活动 6］列举一些你喜欢的美术门类及其代表作品，并说出喜欢的理由。

［探究活动 7］利用课后时间，收集厦门地区建筑作品（嘉庚建筑、闽南古厝）的相关材料，写出这类作品的造型特征和文化内涵。

嘉庚建筑（厦门大学）

闽南古厝

	造型特征	文化内涵
嘉庚建筑		
闽南古厝		

【设计意图】

（1）理解美术作品。丰富学生的视觉体验，给学生充分感受美术作品的机会，让学生理解美术作品；以引导的方式让学生对美术作品进行归类，把主动权交给学生，培养学生自主探究的能力。学生在对作品进行认真、仔细、敏锐的观察过程中，收集相关信息，并做好笔记。

（2）尝试概括。引导学生初步尝试将不同的美术作品进行分类，通过观察不同材质、不同表现方式的美术作品，了解它们之间的区别和联系。随着对问题的深入探究，引发学生思考，并尝试将知识进行归类，让知识点更为清晰。

（3）学会归纳（巩固提升）。学生将不同门类的美术作品加以归类，将初次分类的作品进行二次概括和归纳，积极想象和思考，并真诚发表自己的看法。鼓励学生参与讨论或辩论，尊重他人的意见并从中吸取合理要素记录下来。

（4）联系实际生活，开发地方美术资源。厦门地方美术资源丰富，根据本课内容，教师组织学生在本地区进行调查研究，分类整理，收集的所有材料均放入美术学习档案袋，并加以利用，为开发校本课程等特色美术教学活动做准备。

2. 课后任务：拓展实践活动。

小组合作完成：收集与整理以“抗击新冠肺炎疫情”为主题的美术作品，按照分类方法进行归类。以班级为单位，以图文结合的形式在学校展厅开展一个小型美术展览，试着当小小解说员，把喜爱的美术作品分享给身边的小伙伴。

【设计意图】鼓励学生在兴趣的基础上，把所学知识应用在日常生活中，积累知识的同时提高语言表述能力，也在一定程度上为基础美术知识的学习奠定良好基础。作业设计意图给予学生与同伴合作的机会，在教师引导下，学生自主组织、设计展览，培养学生的综合能力；随着丰富多彩的校园活动的展开，也对下一单元“多彩的校园生活”课程进行润色，突出学生主人翁的地位，让学生爱上校园生活，增进师生感情。

3. 课后素质拓展作业。

根据所学内容，制作美术学习档案袋。选取一种美术门类，通过图文结合的方式探索美术学习之路。

美术学习档案袋制作步骤：

①准备一个抽条夹或透明拉链文件袋；

②根据美术门类自主设计封面；

③每幅作品背后附课堂评价表；

④档案袋中分欣赏、创作、设计、综合实践、地方美术五个部分，请依次将对应的作品和相关资料（草图、照片、学习单、调研报告等）放入档案袋中。

【设计意图】

学生作业的评价方式以美术学习档案袋为主。档案袋中分别纳入学生收集的资料、设计的草图、学习单和照片等过程性材料，并将美术学习档案袋作为期末总结性评价的重要依据。美术学习档案袋作为一种质性评价手段，学生作为主要决策者，可以较好地通过自主学习过程中呈现出的结果，判定自己的学习质量和进一步发展的机会。教师和家长也可以通过档案袋中的资料来了解学生的成长变化。

★美术学习档案袋封面设计作业反馈

4. 作业评价方式。

下面的评价表通过自评、互评、他评（师评、家长评）的多维度评价方式，对学生进行综合评价。

结合学生课堂表现进行课上、课下双重评价，先由学生自评，再由小组同伴互评，最后由教师给出评价及评价意见，附在本课学习单后。最后，由家长进行点评，学生自己总评后置入美术学习档案袋，作为学期过程性评价材料。

第一单元　第 2 课《美术是个大家族》课堂评价表

班级：		今日格言： 外师造化，中得心源。——张璪（唐代书画家，创破墨法）	
作者：			
时间：		作品名称：	
组长：		小组成员：	
评价维度	评价方式	评价要点	评价等级
自主能力	自评	A. 是否对本课内容感兴趣； B. 通过欣赏与分析，掌握所学内容，从中掌握美术分类方法与门类特征； C. 能独立完成美术门类的分类，完成相应学习任务； D. 上课认真听讲，能够理解美术各个门类的功能； E. 是否有兴趣和热情完成创作活动； F. 能否在活动结束时进行收拾整理。	☆☆☆☆☆
合作能力	互评	A. 全程参与课堂小组活动和主题作品展的资料收集与整理； B. 针对具体问题的解决，组内分工协作，体现团队综合能力； C. 参与小组讨论，共同解决问题； D. 小组合作完成的作品具有创新性； E. 小组作品的完成度。	☆☆☆☆☆

续表

探究能力	师评	A. 能够发表自己的看法，并提出问题； B. 积极参与讨论，并主动发言，语言表述准确，能够较为准确地说出问题的答案； C. 能够在理解的基础上，运用美术语言对部分优秀美术作品进行分析和判断，分析美术作品之间的差异性，理解差异的影响因素； D. 大胆提出自己的想法，具有创造性思维，能用不同的方法解决问题，具有独立思考的能力； E. 主动学习，能够有意识地综合运用所学知识。	☆☆☆☆☆
我这样评价自己：			
老师的话：			
家长的话：			
总评结果			☆☆☆☆☆

（三）拓展性作业设计

“欣赏·评述”领域研究性作业。

（1）前期。（初级版）

学习说明：根据七年级上下册“欣赏·评述”学习领域内容，结合其他学习领域补充完整表格其他部分。

示范图例（图1）（师）：

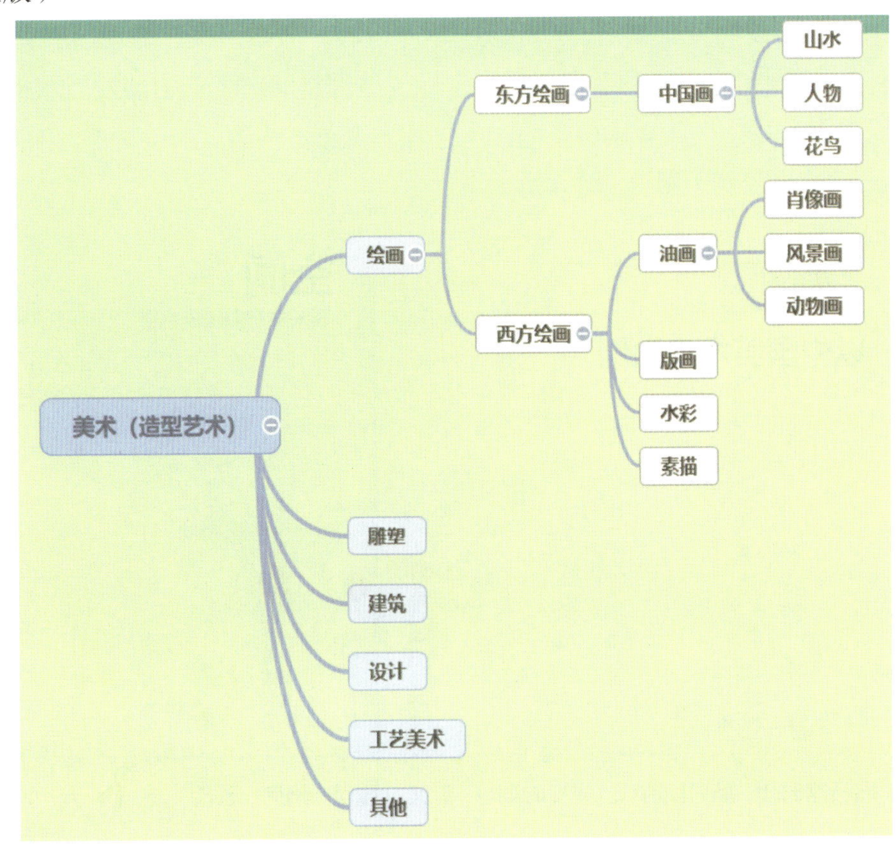

图 1

（2）中期（中级版）。

学习说明：在初级（七年级）学习的基础上，选取“欣赏·评述”学习领域中一个分支（如：中国画—山水画—重要流派画家）

的学习内容，以坐标轴的方式进行补充。

示范图例（图 2）（师）：

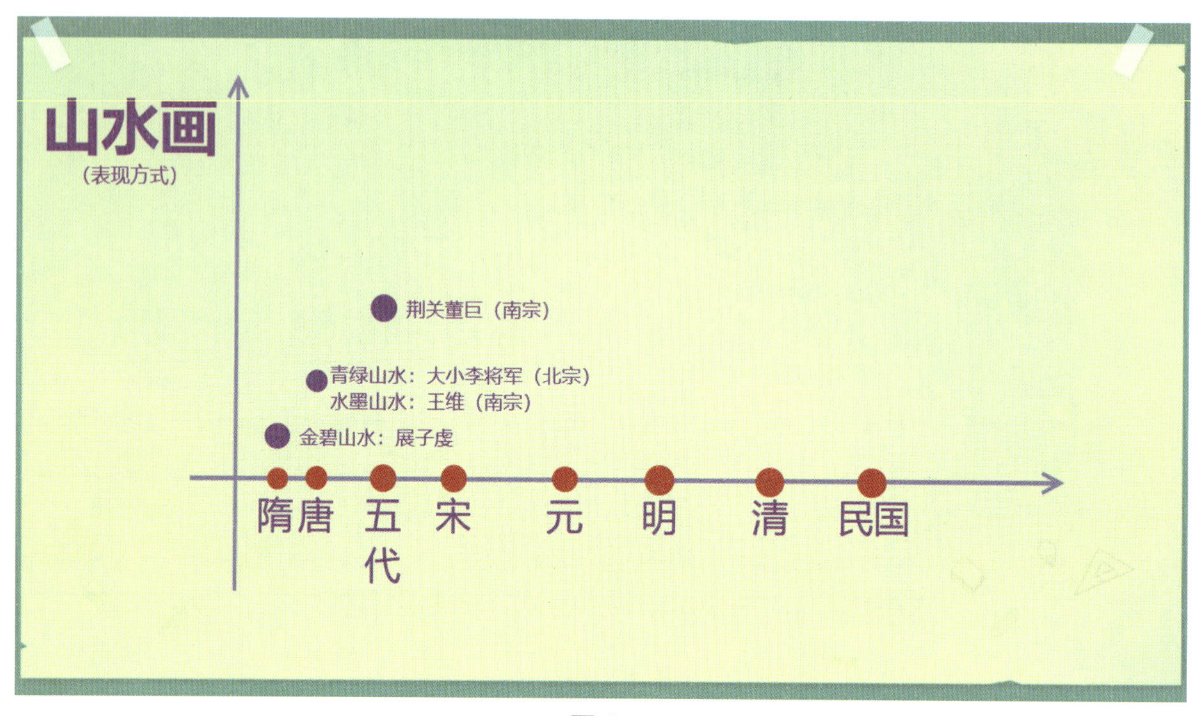

图 2

（3）后期（高级版）。

学习说明：根据七、八年级的学习内容，联系语文、地理、历史学科，以坐标轴的方式标注横坐标（历史时间顺序）、竖坐标（地理空间—生产力的发展水平），选取“欣赏·评述”学习领域中，关于美术门类的产生过程和变革的内容，补充完整坐标轴，统整知识体系。

示范图例（图 3、图 4）（师）：

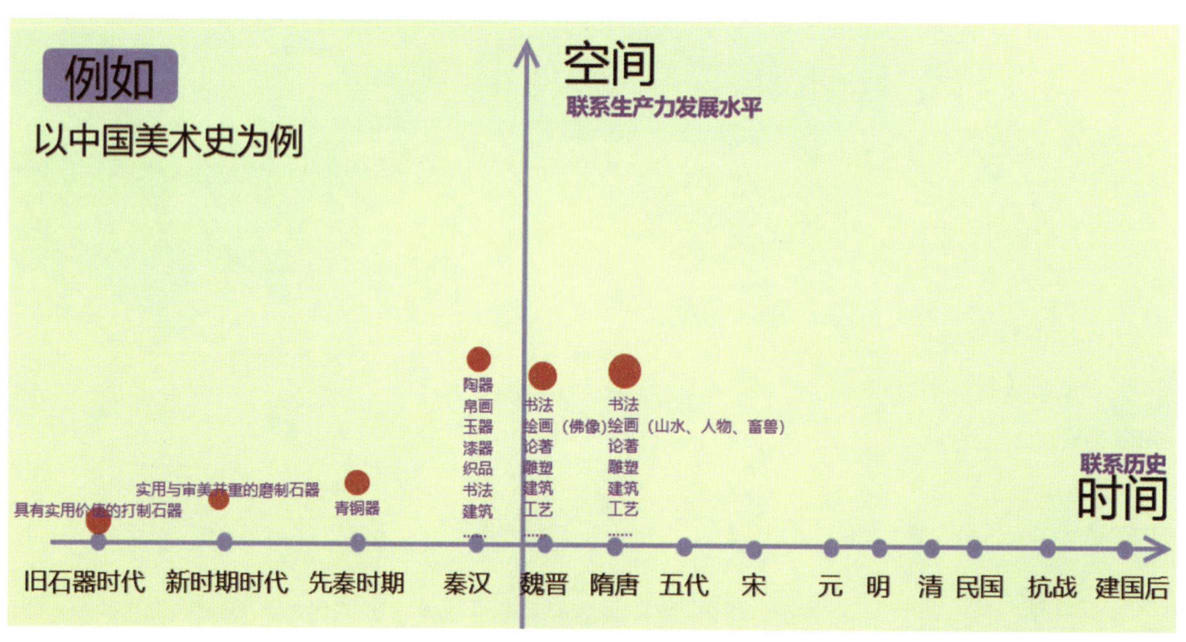

图 3

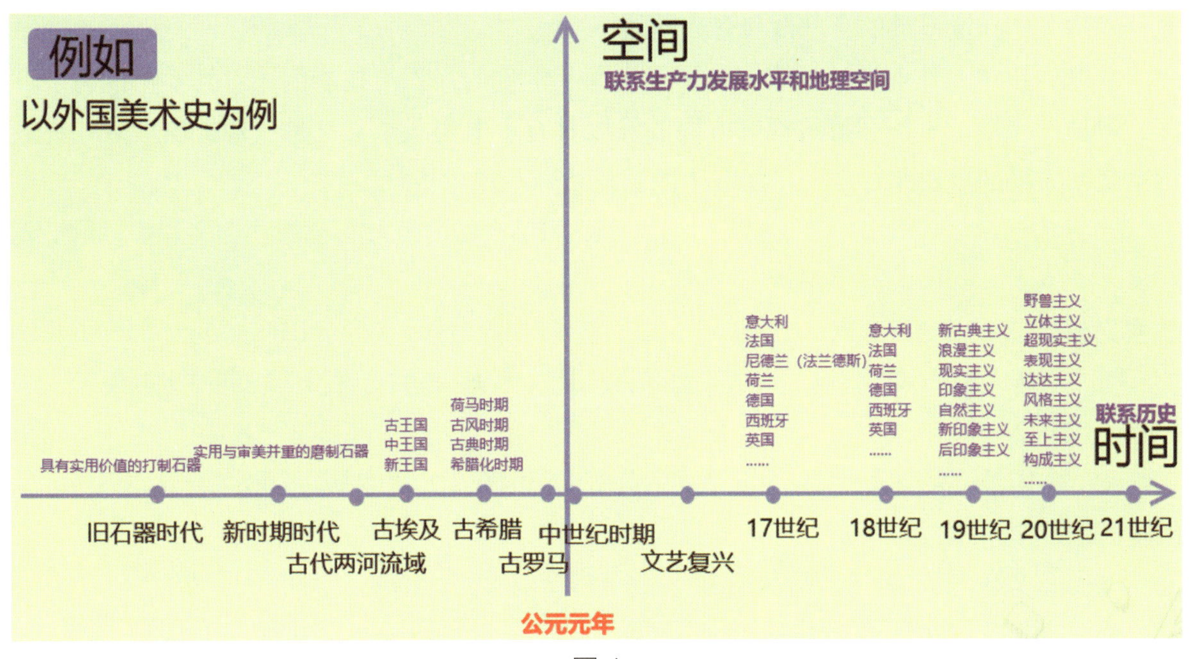

图 4

【设计意图】

课后作业是课堂教学的延伸和巩固。使用坐标的方式呈现教学内容，主要让学生更好地把美术与文学、地理、历史等学科相综合，系统整合知识体系，以培养学生的系统化学习能力和综合运用能力。

三 总结与点评

本作业设计在教学探索过程中，引导学生从活动中感受美术与自然、社会的关系，关注生活、热爱生活，在探究中感受民族文化的底蕴，提高对美术学习的兴趣，达成立德树人目标。本设计中，张老师将美术核心素养渗透在单元活动中，主要体现了以下几个特点。

（一）重视思想意识的引导

在创设情境、选择素材、设计任务等方面，甄选体现党和国家方针政策的内容，设置具有正确价值导向的问题，层层递进，使学生在潜移默化中形成正确的认知体系。

（二）注重学生的个体差异

设计从学情出发，注重巩固知识与技能，设置有层次性的学习目标，统筹作业难度和类型，形成多样化、多层次的设计结构，使不同程度的学生均能找到适宜的任务，体现对个体差异的尊重，调动学生完成作业的主动性。

（三）借助生活实例，重视实践

发现美术与日常生活的关联，重视开展实践性、跨学科、长周期的综合类作业实践，充分发挥了本作业设计的合理性和育人功能。

总之，该单元作业设计的实施，不仅巩固了学生的知识与技能，还对其学习能力、方法、习惯、态度、审美和价值观等方面的发展具有重要实践意义，是实现提质增效、促进学生全面发展的重要路径之一，使学生的学科素养落地生根。

（点评教师：厦门市海沧区教师进修学校　颜贻寿）

参考文献：

[1] 中华人民共和国教育部．义务教育美术课程标准（2011 年版）．北京：北京师范大学出版社，2012.

[2] 中华人民共和国教育部．普通高中美术课程标准（2017 年版）．北京：北京师范大学出版社，2017.

[3] 尹少淳．美术教育学新编．北京：高等教育出版社，2009.

[4] 钱初熹．中学美术课程与教学．上海：华东师范大学出版社，2015.

[5] 王大根．中小学美术教学论．南京：南京师范大学出版社，2013.

“画家乡的风景”单元作业设计

课程名称：“画家乡的风景”单元作业设计
教材版本：《义务教育教科书 美术 七年级下册》（湘教版）
设计教师：泉州市第十六中学　钟秀玉
指导教师：泉州市台商投资区张坂中学　林伯渠

一 课程主题概述

（一）核心素养目标

凝望泉州的每一个角落，这里有多项世界文化遗产，是每个泉州人内心深处的骄傲和自豪。本单元作业设计围绕着“家乡美”的情感，从核心美术语言出发，构建一套具有连续性、递进性和多样性的单元教学目标体系，达成对“家乡美”风景画的透视规律和构图的探索。学生通过赏家乡美、拍家乡美、画家乡美、展家乡美，掌握风景绘画中立体空间关系的表现方法，了解具有泉州地域特色的优秀文化元素。本单元作业设计旨在培养学生学以致用，激发热爱家乡优秀文化的情感。

单元核心素养目标	
审美感知	1. 通过赏析典型美术作品，了解美术作品中透视的基本规律及中国山水画中的散点透视。 2. 培养学生对风景画的审美能力，引导学生发现美、表现美、创造美，用艺术的形式表达自己的情感和美好愿望。
艺术表现	1. 理解透视原理对于风景画空间表达的重要作用。 2. 运用合适的透视和构图技巧，表达对家乡风景的独特认识和情感。
创意实践	1. 通过观察、讨论、分析等方法，了解透视知识，学习风景画的构图。 2. 运用平行透视或成角透视的原理及构图知识拍摄、绘制家乡的风景。
文化理解	具有从文化的角度观察和理解美术作品的意识，对家乡的风景及文化内涵等因素展开探究。

（二）教材分析

本单元教学内容以“造型・表现”领域为主，包含“欣赏・评述”“综合・探索”领域内容，围绕风景画的教学展开，让学生学习运用风景画透视、构图知识。《福建省义务教育美术学科指导意见》中明确指出，要理解风景画中的情感因素。因此，围绕“家乡美”的情感因素，设计四个前后相关的学习活动，四个学习活动各安排一个课时：活动一是焦点透视的学习，以教材中提供的一组作品为参考绘制透视小稿，此活动内容侧重“欣赏・评述”领域；活动二，学生根据所学的构图知识，以拍摄的家乡风景照或自己的印象表现透视规律，此活动内容侧重“造型・表现”领域；活动三，学生根据拍摄的家乡风景作品结合透视知识描绘一幅家乡风景画，此活动内容侧重“造型・表现”领域；活动四，学生展示作品成果并介绍对家乡文化探索的成果，此活动内容侧重“综合・探索”领域。

本单元的学习旨在帮助学生掌握焦点透视基本规律，提升组织景物构图与绘画表现的能力。

教学重点：提高学生对风景画的赏析能力，理解透视原理对于风景画空间表达的重要作用；运用透视知识和构图技巧，描绘家乡的风景，表达对家乡的热爱之情。

教学难点：能准确运用透视知识与构图技巧，描绘一处家乡的风景，表达对家乡的情感。

（三）学情分析

七年级孩子的观察、记忆、想象等诸多能力正在迅速发展，独立思考和批判性思维正逐步形成，开始不满足于简单的结论性教学。基于学情特点，在作业设计的活动中注重创设情境化教学模式，“赏家乡美”强调从审美感知入手，欣赏泉州特色的家乡风景以及绘画作品；“拍家乡美”侧重提升学生的创意实践素养，鼓励学生利用数码设备拍摄家乡风景，收集文化信息，进行分析、思考和探究，将知识进行迁移与运用；“画家乡美”侧重提升学生的艺术表现素养，引导学生联系生活实际，积极参与绘画表现与创作；“展家乡美”侧重提升学生的文化理解素养，让学生融合其他学科知识，进行综合探索，与他人交流，并深入理解家乡文化。通过任务单学习、摄影展示卡制作、绘画实践、作品展示等，以过程性评价与成果评价相结合、教师评价、小组评价与自评、线上线下展示等多元评价方式，激发学生的学习兴趣。

 作业实施

（一）课时一：赏家乡美

课前探究　知识前测

【活动形式】资料收集与整合。

【活动难度】低。

【活动时长】20 分钟。

【活动任务】学生根据小组开展课前探究性学习活动，预习课本，收集一组家乡的风景照，根据学习任务单的课前任务进行思考与探究。

【活动具体要求】根据学习任务单中的课前探究任务，进行探究并形成小组汇报成果，将成果以 PPT 或者 Word 文档等形式发送至老师邮箱。

【对标核心素养】审美感知。

【评价要点】参与性、协作性、审美判断能力、信息融合能力。

【设计意图】通过课前探究活动，学生能够对家乡的风景进行审美感知，为后面的自主探究、深入分析活动奠定基础。

课中实践　知识内化

【活动任务】学习课本知识，赏析一组以“家乡美”为主题的作品，分析作品空间关系的表现方法，根据学习任务单内容画出作品透视草图。

【活动难度】低。

【活动时长】40 分钟。

【活动形式】欣赏、阅读、讨论、书写、绘画。

【活动资源】图片素材、多媒体课件、学习任务单。

【评价要点】学生能否运用所学知识，根据任务单进行探究性学习；能否根据画面描述画面空间透视规律，积极交流讨论的情况；是否主动发表看法，提出设想的情况。

【对标核心素养】审美感知。

【设计意图】让学生学会识读图片，进行审美感知与判断，分析美术作品的内容，尝试实践，感受风景画的自然美、人文美，养成探究学习的习惯。

课后拓展　能力迁移

【活动形式】资料收集与整合。

【活动难度】高。

【活动时长】30 分钟。

【活动任务】选择一张表现家乡风景的绘画作品或摄影作品进行探究与赏析，并进行书面评述形成汇报成果，拍照提交至钉钉作业。

【活动具体要求】

1. 学生能从艺术特征及文化内涵角度描述作品，表达对作品的认识及个人感受。

2. 选择一种汇报形式：PPT 图文解说、Word 文档图文解说、书籍演示解说、视频。

【对标核心素养】审美感知。

【评价要点】参与性、审美性、自主学习能力、文学素养、信息融合能力。

【设计意图】引导学生对所学知识进行整理、总结、巩固和强化，学会知识迁移与运用，提升学习效率，培养学生审美感知核心素养。

附：赏家乡美活动学习任务单

<table>
<tr><td colspan="4">赏家乡美活动学习任务单</td></tr>
<tr><td>姓名：</td><td>班级：</td><td>小组：</td><td>等级：</td></tr>
<tr><td>课前任务清单</td><td colspan="3">预习课本，搜集并欣赏一组家乡景物图片并思考以下问题：
1. 画面中前后空间感觉如何？前面的景物与后面的景物有何不同？
2. 如何使画面更具深远的空间感？
3. 风景画构图应注意什么？
4. 想一想、说一说生活中见到的透视现象。</td></tr>
<tr><td>填一填（课中）</td><td colspan="3">1.（　　）是用线条或色彩在平面上表现立体空间的方法。
2. 视平线：是与画者眼睛______的一条水平线，它与天地交界的地平线是同一条线。
3. 透视的基本规律是________________，可分为________________________。
4. 成角透视：立方体的四个面相对于画面倾斜成一定角度时，其边缘向纵深延伸的直线产生了视平线集中消失的__________，也称________。
5. 平行透视：立方体只有_________与画面平行，它与画面所构成的透视关系，也称__________，它只有_________消失点。</td></tr>
<tr><td rowspan="2">画一画（课中）</td><td colspan="3">画出作品的视平线、心点、消失点及景物中的主要透视线，并说明透视的类型与特点。</td></tr>
<tr><td>［荷兰］霍贝玛《村道》（油画）</td><td colspan="2">袁运甫《马棚》（水粉画）</td></tr>
</table>

（二）课时二：拍家乡美

课前探究　知识前测

【活动任务】学生深入生活实际，实地考察，利用相机或者手机拍摄一组家乡风景照，表现家乡的自然美景或者人文景观，将拍摄成果分享至班级学习交流群。

【活动难度】低。

【活动时长】10 分钟。

【活动形式】拍摄、记录、分享。

【评价要点】参与性、技术能力、实践能力。

【设计意图】让学生走进生活的每一个角落，从生活中感知艺术，在生活中发现问题、思考问题。

【对标核心素养】审美感知、创意实践。

课中实践　知识内化

【活动任务】学生根据课前拍摄的作品，结合所学课堂知识，参考活动图例展示，针对关键问题进行小组交流讨论，推选一名代表汇报小组实践成果。

【活动难度】中。

【活动时长】30 分钟。

【活动形式】拍摄、书写、绘画、制作。

【活动资源】各类表现透视规律和构图的图例和作品。

【评价要点】参与性、审美性、语言表达能力。

【设计意图】引导学生以问题为导向，深入分析与探究家乡的风景，在生活情境中分析问题、解决问题；通过独立探究、合作学习的方式探究家乡文化，形成美术基本素养。

【对标核心素养】审美感知、创意实践。

附：拍家乡美活动图例参考

拍家乡美		关键问题引导
钟秀玉《泉州小巷》	钟秀玉《泉州西街》	1. 视点、视平线、消失点分别在哪里？（在图中标示） 2. 作品属于成角透视还是平行透视，或者其他透视方式？ 3. 用一段文字说明你的创作意图。你的家乡有什么特色？（可从家乡自然风景、建筑风景、人文地理景观等方面阐述自己的想法）

课后拓展　能力迁移

【活动任务】完成一张摄影展示卡，可针对拍摄技巧、透视原理运用、家乡人文景观等进行创意说明。

【活动难度】中。

【活动时长】30 分钟。

【活动形式】拍摄、书写、绘画、制作。

【活动资源】各类表现透视规律和构图的摄影作品、美术工具等。

【评价要点】参与性、艺术实践能力、创新能力。

【设计意图】课后活动循序渐进，引导学生在生活情境中进行美术思考与学习，探究风景画的空间透视规律，体会艺术来源于生活，了解地域文化，表达对家乡的情感。

【对标核心素养】创意实践。

（三）课时三：画家乡美

课前探究　知识前测

【活动形式】以素描线条小稿形式临摹绘画作品。

【活动难度】低。

【活动时长】20 分钟。

【活动任务】选择课本中的风景绘画名作、摄影作品或自己喜爱的家乡风景绘画作品、摄影作品，根据所学透视与构图知识，尝试用素描线条绘制方法临摹作品。

【活动具体要求】

1. 选择临摹的作品要具有家乡美的特征，画中景物要能明显地体现出透视现象。
2. 以速写小稿形式绘制即可，画幅不必过大。
3. 捕捉自然形态，确定一个主体描绘对象，注意主次、虚实关系。

【评价要点】参与性、绘画表达性、艺术审美性。

【设计意图】学生通过课前小稿绘制活动，初步掌握空间透视与构图的表现方法，为后面“画家乡美”的深入绘画探究活动奠定基础。

【对标核心素养】审美感知、艺术表现。

课中实践　知识内化

【活动任务】根据自己所拍摄的“家乡美”典型作品，选择照片的局部或整体，尝试运用所学的透视、构图的知识，绘制一张风景画作品。

【活动难度】中高。

【活动时长】30 分钟。

【活动形式】讨论、书写、绘画。

【活动资源】油画棒，铅笔，炭笔，水粉颜料，水彩笔，画笔，画纸等。

【活动具体要求】

1. 选择让你印象深刻的家乡风景摄影作品，作品要具有美感，透视现象明显。
2. 所选择的摄影作品场景不宜过大，景物不宜太复杂。
3. 准确运用透视规律，透视表现正确，空间关系合理。
4. 选用恰当的创作工具和表现技巧，画面美观，画面整体布局合理。

【评价要点】学生能否在景物描绘中恰当运用透视、构图基本知识；能否在景物描绘中表达自己对家乡、对自然的感受。

【设计意图】帮助学生掌握一定的美术语言，深入生活实际，感知家乡的自然景观与人文景观，表达自己的风景画创作意图、思想和情感。

【对标核心素养】艺术表现。

附：画家乡美活动图例参考

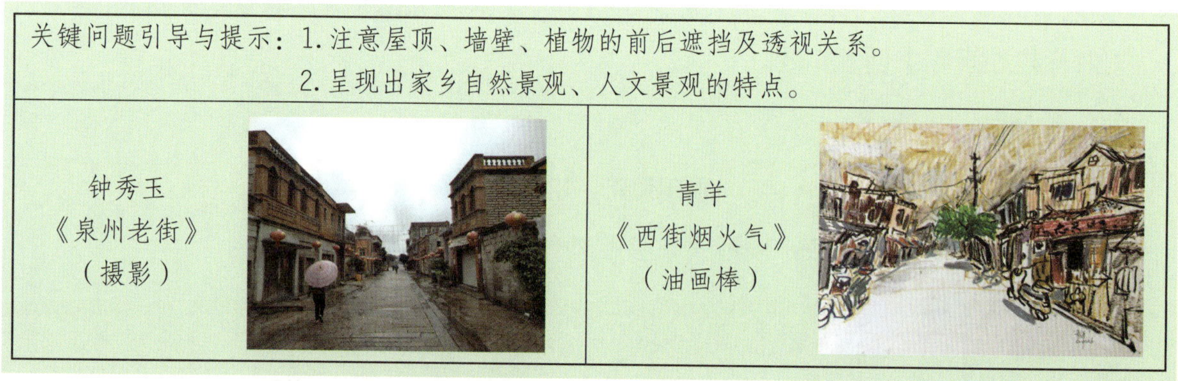

课后拓展　能力迁移

【活动形式】改画美术作品，做素描透视练习。

【活动难度】中。

【活动时长】20 分钟。

【活动任务】尝试用素描绘制方法改画美术作品，也可以局部改画。注意表现屋顶、墙壁的透视关系，或者田园小景的透视变化，也可以有创意地运用透视规律表达情感。

【活动具体要求】所选择的作品场景不宜过大，景物不宜太复杂；选用恰当的创作工具和表现技巧，画面美观，画面的整体布局合理。

【评价要点】参与性、艺术表现性、创意性。

【设计意图】学生通过课后实践巩固、内化知识，学会知识的迁移与运用，提高在生活中发现问题、解决问题的能力。

【对标核心素养】艺术表现。

（四）课时四：展家乡美

课前探究　知识前测

【活动形式】资料搜集与整合。

【活动难度】低。

【活动时长】20 分钟。

【活动任务】小组分工合作搜集、整理素材，拍摄照片，记录文字，探索家乡的自然景观与人文景观特性。

【活动具体要求】小组成员依据情况进行分工、协作，能从艺术特征及文化内涵的角度探索“家乡美”。

【评价要点】参与性、协作性、探究性实践能力。

【设计意图】通过课前探究活动，学生在资料搜集与整理中，对家乡美有深刻的感知和体验，为后面开展“展家乡美”的活动奠定基础。

【对标核心素养】创意实践、文化理解。

课中实践　知识内化

【活动任务】小组分工合作，搜集、整理素材，将拍摄的作品与绘制的绘画作品附上文字，总结家乡的自然景观与人文景观特性，记录文字并进行设计排版；推荐代表交流分享小组创意成果，举行课堂小展览。

【活动难度】中高。

【活动时长】35 分钟。

【活动形式】合作学习、探究、交流、讨论、展示。

【活动资源】各类表现透视规律和构图的绘画作品、摄影作品，手机或电脑等。

【评价要点】团结协作，有序分工，结合新媒体技术进行成果展示；积极参与互动，分享感受，交流想法；在表达自我情感的基础上，展示出家乡的人文地理、自然风貌之美；关注人文或者审美领域的其他方面情况。

【设计意图】引导学生结合其他学科的知识，对美术活动进行综合整理与探索，逐渐形成从文化的角度观察和理解美术作品、美术现象和观念的习惯。

【对标核心素养】创意实践、文化理解。

课后拓展　能力迁移

【活动任务】小组成员分工合作，搜集、整理素材，举行线上展览；或利用校园平台进行“最美家乡”网络投票。

【活动难度】高。

【活动时长】40 分钟。

【活动形式】合作学习、探究、交流、讨论、展示。

【活动资源】各类表现透视规律和构图的绘画作品、摄影作品，手机或电脑等。

<table>
<tr><th colspan="9">展家乡美活动安排表</th></tr>
<tr><td colspan="3">小组通讯录：</td><td colspan="3">小组名称：</td><td colspan="3">组长：</td></tr>
<tr><td>姓名</td><td></td><td></td><td></td><td></td><td></td><td></td><td></td><td></td></tr>
<tr><td>能够承担的角色</td><td></td><td></td><td></td><td></td><td></td><td></td><td></td><td></td></tr>
<tr><td>组员联络方式</td><td></td><td></td><td></td><td></td><td></td><td></td><td></td><td></td></tr>
<tr><td colspan="9">小组宣言：</td></tr>
</table>

【评价要点】参与性、协作性、学科融合能力、文学素养能力。

【设计意图】引导学生总结探索成果，利用现代化科技手段宣传和展示具有泉州地域特色的优秀文化元素，培养学生学以致用的能力，激发热爱家乡优秀文化的情感。

【对标核心素养】创意实践、文化理解。

附："画家乡的风景"单元活动作品评价表

作品评价量规					
结构指标	单项指标		学生自评	学生互评	教师评价
主题（20 分）	主题明确，内容健康，中心思想突出（10 分）				
	注意联系社会、生活和学习实际（10 分）				
创意（20 分）	题材新颖，构思独特，有原创性（10 分）				
	作品具有想象力、表现力（10 分）				
艺术技巧（40 分）	透视	准确运用透视规律，透视表现正确，空间关系合理（10 分）			
	构图	构图完整，图形比例恰当（10 分）			
	语言	运用色彩、空间、透视、线条等美术语言（10 分）			
	效果	画面整洁美观、布局合理、风格统一（5 分）			
	技术	选用创作工具和表现技巧恰当，技术运用熟练、准确（5 分）			
情感（20 分）	独立思考并敢于表达自己的想法（10 分）				
	作品（或者创意说明）传达出作者的情感（10 分）				
综合得分：（学生自评 30%，教师评价 30%，学生互评 20%，网络评价 20%）					

三　总结与点评

"画家乡的风景"单元作业设计方案在认真钻研教材的基础上，正确理解、把握新课程标准与核心素养，围绕"家乡美"的情感主线，通过"赏家乡美、拍家乡美、画家乡美、展家乡美"四个环节的活动将核心素养巧妙地渗透到各个活动实践中，牢牢把握住风景画的透视、构图的单元教学内容与单元教学目标，具有以下特点。

（一）突出学生主体地位

在核心素养大背景下，教师课堂教学逐渐以培养学生的核心素养为主，此作业设计的四个活动方案体现出教师在教学中的引导性原则与学生学习的主体性原则。本单元作业设计以问题为导向，通过独立探究、小组合作等形式，使学生进入相符的情境中进行探究活动，在美术学习活动中自由抒发情感，表达个性与创意；此作业设计方案中活动细则明确，学习目标明确，学生在学习任务的引领下进行观察、探索、分析与创作，掌握风景画的表现技能与技巧；四个活动方案实施多元化评价，评价细则量化，结合多种评价方式，注重学生参与的过程表现，注重学生在活动实施过程中的主人翁意识，激发学生学习兴趣，树立学习自信心。

（二）注重实践性

实践性强是美术学科的重要特点，“赏家乡美、拍家乡美、画家乡美、展家乡美”四个环节的教学实践活动与作业设计丰富多彩，注重引导学生关注身边的生活实际，欣赏家乡风景，拍摄家乡风景，制作展示卡片，绘制与创作家乡风景；注重学生审美能力的提高与艺术修养的形成，注重通过学生的艺术实践来亲身体验，通过美术的学习激发创造力，发展美术实践能力，形成基本的美术素养，陶冶高尚的审美情操，形成完善人格。

（三）注重文化理解

世界观、人生观、价值观是人们文化素养的核心与标志，核心素养导向下，美术学科育人价值凸显——“立德树人，以美育人”。此作业设计以“家乡美”为主题，开展欣赏、拍摄、绘制、展示家乡美等活动，通过有效的学习活动，以美育人，引导学生关注文化与生活，理解身边的美术形象、现象和作品的文化内涵，在学科教学中进行文化渗透与文化表现。

（点评教师：泉州市台商投资区张坂中学　林伯渠）

参考文献：

［1］尹少淳．尹少淳谈美术教育［M］．北京：人民美术出版社，2016.

［2］中华人民共和国教育部．义务教育美术课程标准（2011年版）［M］．北京：北京师范大学出版社，2012.

［3］徐丹旭．美术信息化教学设计［M］．重庆：西南师范大学出版社，2017.

［4］上海市教育委员会教学研究室．中小学美术单元教学设计指南［M］．北京：人民教育出版社，2019.

“公益招贴设计”单元作业设计

课程名称：“公益招贴设计”单元作业设计
教材版本：《义务教育教科书 美术 八年级上册》（湘美版）
设计教师：福州市长乐区朝阳中学 刘心怀
指导教师：福建教育学院 郑允超

 课程主题概述

（一）核心素养目标

环保是人类永恒的话题，我们可以为世界做些什么？我们可以为我们的城市——福州做些什么？我们可以为我们的校园做些什么？当垃圾分类成为社会的热点话题时，美术课堂上可以实现的事是：用社会热点点燃学生的观察思考，从而引导学生从美术角度了解、关注垃圾分类，最后在宣传实践中提升自己的环保意识与美术素养。

单元核心素养目标	
审美感知	1.从生活入手，通过调查、讨论、构建思维导图等形式促进设计意识形成。 2.通过学习招贴设计知识，对招贴设计的功能有所认识。 3.在创意实践中，感受生活与艺术的联系，培养学生对招贴设计的审美感知。
艺术表现	通过欣赏、分析、讨论与交流等引导学生掌握招贴设计知识，并培养学生良好的设计思维习惯，引导学生在团队合作中用招贴设计的方式去实践公益创意。
创意实践	在色彩、图形、文字、创意四大模块的教学设计构思中，引导学生用图形创意表达思想。鼓励学生从不同角度思考、表达主题，把发散思维和聚合思维有机结合。
文化理解	1.用垃圾分类的社会热点话题点燃学生观察思考的兴趣，提高学生社会参与度，理解环保公益文化，明确对环保事业的责任担当。 2.学生能用招贴设计的美术知识宣传公益，并在系列活动中养成“家事国事天下事，事事关心”的社会责任感。学生在完成自己承担的任务中，展望未来职业规划的方向，最后在宣传实践中提升自己的环保意识与美术核心素养。

（二）教材分析

教材信息	湘美版《美术》八年级上册第六单元“设计应用”课程
课时数量	4 课时
课时内容	第一课：创设问题情境——“垃圾分类，你说我画” 指导学生关注现实生活，通过调查报告了解垃圾分类的现况与存在的问题，并根据问题进行跨学科的分析与思考，完成思维导图。
	第二课：学会欣赏、模仿——“图形创意，招贴设计” 学生通过欣赏、分析、研究设计师们的多样风格与创作观，学习公益招贴的设计方法、设计要素、设计步骤等知识。
	第三课：学会合作和表现——“携手共创，美好招贴” 团队协作完成公益招贴的设计制作，让学生在实践中体会设计的乐趣。
	第四课：学会展示与评价——“你好明天，我在行动” 学生作品进行线上线下展示交流，并用美术的方法评价招贴作品。
教学重点	招贴设计的设计流程、设计方法以及设计思维习惯的养成。
教学难点	学生运用招贴设计的方法，团队合作完成一幅“垃圾分类”公益招贴设计作品。

（三）学情分析

八年级学生已经具备了基础的设计能力与造型能力，且乐于探索自己身边的社会热点话题，动手实践能力也比较强，勇于创新、喜欢求异。因此，在作业设计的过程中，强调从审美感知入手，侧重提升学生的艺术表现和创意实践素养，鼓励学生用各种方式搜集信息，并进行分析、思考与探究。引导学生联系现实生活，从四个方面对垃圾分类公益招贴进行创意构想，并通过合作、布展、评价等方式，加深学生对公益招贴的文化理解，提升环保意识与美术素养。

 作业实施

（一）课时一：垃圾分类，你说我画

活动内容：垃圾分类调查进行时。

【活动任务】

1. 根据学习单的内容，对垃圾分类进行社会调查。（见右表）（课前）

2. 分享自己的调查结果，并在老师的指导下完成思维导图。（课中）

3. 课后拓展思考：如果换一个主题，你能独立进行社会调查并构建美术思维导图吗？（课后）

【评价要点】探究垃圾分类运用了哪些美术色

“垃圾分类”社会调查表

调查人：______

	调研问题	收集图文资料
1	为什么要垃圾分类?	
2	怎么分类？运用了哪些美术知识点?	
3	垃圾分类会带来什么?	
4	可以用美术的哪些方式进行垃圾分类宣传?	

（参考资料）垃圾分类网 http://www.fllaji.com/

彩知识？可以从哪些不同角度用美术方法去表现？

【活动难度】中。

【活动时长】40 分钟。

【活动形式】根据查阅到的资料和生活调查完成社会调查表与思维导图。

【作业具体要求】用社会调查构建设计思维导图。

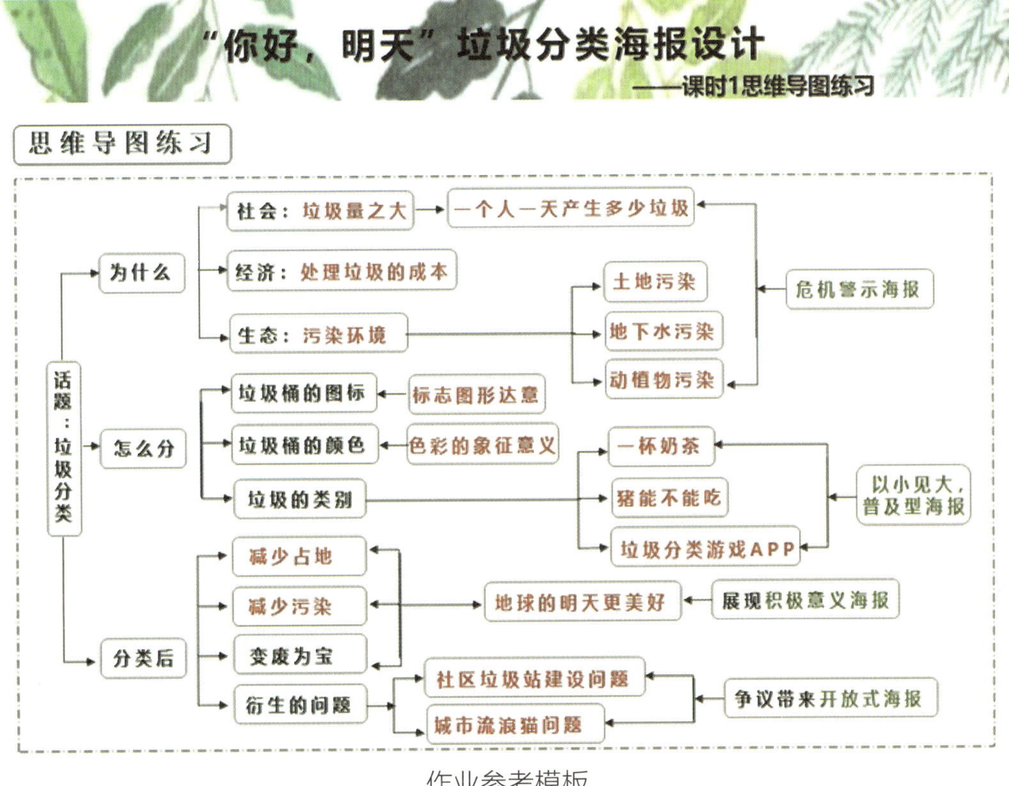

作业参考模板

【设计意图】培养学生良好的设计思维，强调设计中社会调查的必要性。在社会调查中实现对垃圾分类的理解与认同。在构建思维导图过程中，拓展学生招贴设计视野与方向，提升审美判断；通过课后拓展巩固课堂知识，拓展思路，培养学生创新实践能力。

【对标核心素养】审美感知。

（二）课时二：图形创意，招贴设计

活动内容 1：招贴色彩模块。

【活动任务】了解色彩知识在垃圾分类中的运用。（课中）

【评价要点】理解色彩的象征意义。

【活动难度】中。

【活动时长】10 分钟。

【活动形式】案例分析，细化表格。

【作业具体要求】了解色彩知识与情感认知在垃圾分类中的运用，学会用色彩吸引人们关注招贴。

【色彩模块练习】

（1）垃圾分类箱有几种颜色？分别代表什么垃圾？

答：垃圾分类箱常用绿、蓝、黄、红四种颜色。

绿色——厨余垃圾　　蓝色——可回收物

黄色——其他垃圾　　红色——有害垃圾

（2）为什么用这些颜色代表不同类型的垃圾？不同的颜色各有什么象征意义？

色彩	象征意义	垃圾类别	垃圾特点
绿色	生命，环保，希望	厨余垃圾	可以被大自然分解吸收，可再生。
蓝色	宁静，和谐	可回收物	可回收再利用，资源再生。
黄色	醒目，提示	其他垃圾	被污染或难以降解的垃圾。
红色	危险，刺激，警示	有害垃圾	对人类或环境有危害的垃圾。

作业参考模板

【设计意图】帮助学生结合已有的美术色彩知识，初步认识招贴设计中色彩的象征意义。

【对标核心素养】审美感知、美术表现。

活动内容 2：招贴图形模块。

【活动任务】掌握图形达意在招贴中的运用。（课中）

【评价要点】学生对招贴图形的可视性与创造性的理解。

【活动难度】中。

【活动时长】10 分钟。

【活动形式】案例分析，图像识读。

【作业具体要求】学生能够正确识读设计师的图像语言，了解图形创意如何抓住人们的视线。

【图形模块练习】

请认真观察以下三张招贴图形，思考设计师想要表达什么。

图 1　艾克斯利《拯救动物》

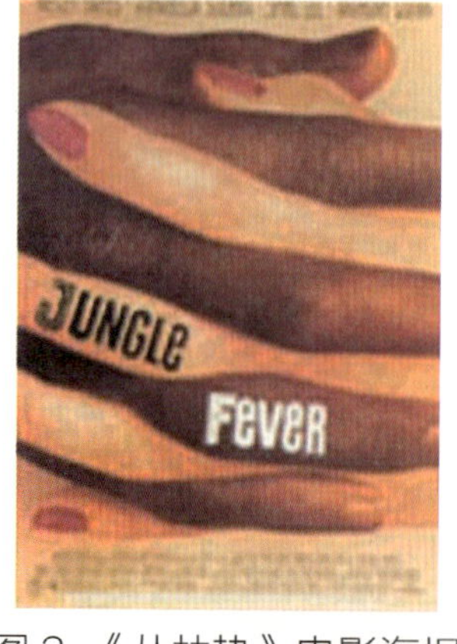

图 2 《丛林热》电影海报

图 3　陈绍华《平面设计在中国展》（美术教材封面图）

答：图 1，若干个动物的剪影组合，招贴讲述的是与动物相关的内容。

图 2，一个黑人（男）的手与一个白人（女）的手紧握，讲述跨越种族的爱情故事。

图 3，一条穿西裤的腿和一条穿中国戏曲服饰的腿缠绕成麻花状前行，寓意中西文化的融合。

【设计意图】通过案例分析，加强学生对图形创意的理解，更进一步了解招贴的表现方法和创意思想。

【对标核心素养】审美感知、美术表现、创意实践。

活动内容 3：招贴文字模块。

【活动任务】引导学生了解文字在招贴中的运用。（课中）

【评价要点】招贴文字对图形的补充意图与文字创意。

【活动难度】高。

【活动时长】10 分钟。

【活动形式】案例分析交流。

【作业具体要求】正确识读设计师的文字语言与文字创意。

【文字模块练习】

文字是招贴设计中不可或缺的一部分，它能很好地补充设计者的意图。请认真观察右图中的两个图形，并结合图形，试着分析设计师想补充表达什么？

《昨日与今日》（刘心怀拍摄）

答：图中是两个英文大写字母“D”，第一个“D”的笔画中有古代书籍的侧面，代表过去的文化存储在书籍中；第二个“D”的笔画中有光盘，代表现在的文化存储方式。因此设计师在招贴中写的两个“D”，应该是用英文“yestoday”“today”暗寓文化的昨天与今天。

【设计意图】通过案例分析，带领学生感受文字的艺术之美。

【对标核心素养】美术表现、创意实践。

活动内容 4：招贴创意模块。

【活动任务】帮助学生了解创意在招贴中的重要性。（课中）

【评价要点】招贴图形创意的开放性。

【活动难度】中。

【活动时长】5 分钟。

【活动形式】案例分析交流。

【作业具体要求】学生运用开放性思维进行创意实践。

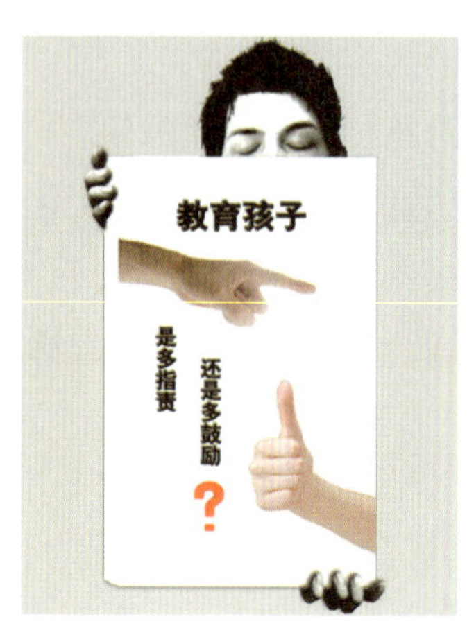

【创意模块练习】

创意是招贴设计的灵魂。请认真观察左侧的招贴作品，结合图形与文字，说一说设计师的创意体现在哪些方面。

答：教育孩子是没有绝对标准的，鼓励还是指责，哪种方式能获得更好的教育效果，其实并没有定论。设计师做了一个开放式的海报，其目的并不是要得到标准答案，而是想引发社会对教育孩子方式的关注与讨论。鼓励能使人上进，但也有可能使人骄傲；指责会让孩子沮丧、失去斗志，但有错误应该客观指出。树立正确的道德观、明是非、感受挫折也是一个孩子成长过程中必要的体验。教育孩子应该因人而异，分情况鼓励或批评，家长也在学习中不断成长。

【设计意图】培养学生开放性思维，提高多角度分析问题的能力。

【对标核心素养】美术表现、创意实践。

（三）课时三：携手共创，美好招贴

活动内容：携手共创，美好招贴。

【活动任务】完成一幅以“垃圾分类”为主题的公益招贴设计作品。

【评价要点】如何选择恰当的美术方法实现切合主题的图形创意表现。

【活动难度】高。

【活动时长】45 分钟

【活动形式】团队合作。

【作业具体要求】设计中色彩、图形、文字、创意兼备。

【公益招贴设计练习】

请以“垃圾分类”为主题，创作一张色彩、图形、文字、创意兼备的公益招贴设计。期待大家的作品！

［注意事项］

（1）作品主题明确，作品尺寸 4 开或 8 开。

（2）采取多样化的形式完成作业。

可以选择自己擅长的美术方法，例如擅长电脑操作的学生可以用电脑绘图软件完成作品，也可手绘或拼贴完成作品。

（3）提倡团队协作。允许学生互补不足，以多人共同完成一张海报。（例如：点子大王 + 写字能手 + 绘画高手 = 好海报）每个人做好擅长的部分，并配合其他组员完成任务。

【设计意图】培养学生团队协作能力，引导学生学以致用，合作完成一张色彩引人、图形达意，并具有一定创意的公益招贴设计。

【对标核心素养】美术表现、创意实践。

（四）课时四：你好明天，我在行动

活动内容：你好明天，我在行动。

【活动任务】

（1）举办线上、线下公益招贴展，展示作品成果，进行公益宣传。

（2）用招贴设计的相关知识对作品进行评价，在评价中再次实现图像识读和审美判断的核心素养目标。

【评价要点】重点考查学生的图形创新意识，并对画面的整体美感进行综合评价。评价方式以学生自评、互评为主，教师给予方向指导。学生能否对公益话题进行深层次思考，在评价过程中也要给予关注。

【活动难度】中。

【活动时长】55 分钟。

【活动形式】讨论分析，细化表格，星级评价。

【作业具体要求】学生多角度评价招贴作品。

★学生作品展示

林颖、刘孜想、王君烨、郑恩颖《黑洞》

陈林恒《还能活多久》

李驭帆《垃圾分类＝绿色能源》

柯雅雯、陈雯惠《猪分类》

【招贴作品评价练习】

1. 用招贴设计的相关知识来评价同学的招贴作品（右图）。可以采用星级评价的方式进行评价。

色彩	强烈的蓝橙色对比吸引观者的眼球。	★★★★★
图形	四个不同颜色花纹的花瓶暗寓不同类型的垃圾桶。	★★★★★
文字	“插花”暗寓了不同的垃圾应该扔进不同的垃圾箱里，是个简约而简单的宣传语。如果美术字能写得更好，海报就会更完美。	★★★★
创意	每个花瓶的花纹中都隐藏着相应的垃圾类别名称。	★★★★★

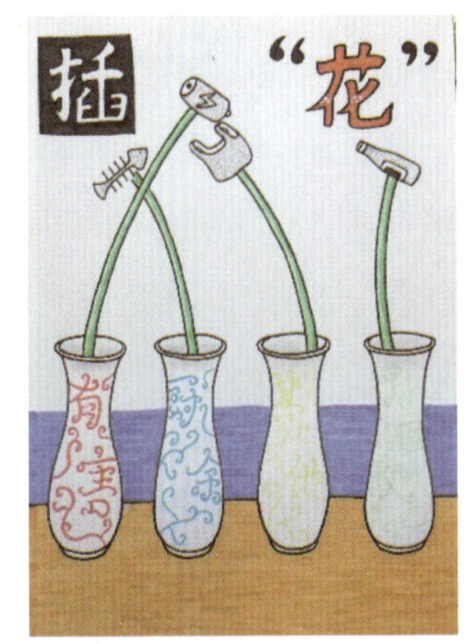

高穆妍《插花艺术》

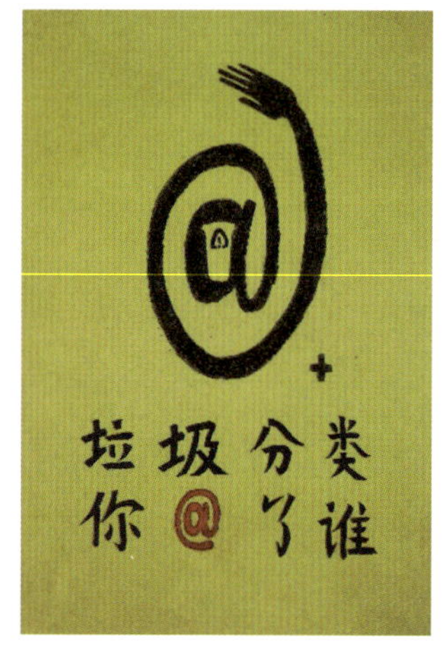

林子涵《垃圾分类你了谁》

2. 用招贴设计的相关知识来评价同学的作品（左图）。可以采用星级评价的方式进行评价。

色彩	用黄黑对比色吸引观者的眼球。	★★★★★
图形	用简单明了的符号 @ 与手结合的互形图形，表示垃圾分类期待你的加入。	★★★
文字	@了谁，向所有人宣传推广垃圾分类。	★★★
创意	利用互联网推广垃圾分类。	★★★★

【设计意图】学生在布置展览的过程中感受美术创意实践带来的成就感，在评价中提升审美感知。

【对标核心素养】美术表现、创意实践、审美感知。

三 总结与点评

设计主题联系生活，紧跟当前社会热点话题，对培养学生社会责任感起到了积极的作用，体现了立德树人的教育理念。当下，垃圾分类成为社会热点话题，以“公益招贴设计——‘你好，明天’垃圾分类公益招贴”为单元课程主题，内容联系生活，具有很强的现实意义，容易激发学生的学习热情。本单元作业设计具有如下特点。

1. 贯穿美术学科核心素养的理念，落实当下“双减”政策精神。刘老师首先从生活入手，创设了垃圾分类的问题情境，引导学生在真实的生活情境中发现问题、解决问题。在探究实践的过程中，学生潜移默化地掌握了本单元课程的知识与技能——招贴设计的方法，逐渐形成了科学的思维模式、创造性思维方式和美术表现技能，以及对垃圾分类文化的理解与思考。具体的作业设计能够精准地围绕课程教学目标、教学重难点展开，且作业数量适宜，符合当下“双减”政策精神。

2. 体现基于大单元教学理念的美术作业设计。该作业设计案例在解决问题的环境创设中，围绕着课程主题以两条线索同时展开，相互交错：一条是垃圾分类的话题，另一条是招贴设计的方法。首先是创设问题情境——“垃圾分类，你说我画”：指导学生关注现实生活，通过社会调查报告了解垃圾分类的现状与存在的问题，并根据问题进行跨学科的分析与思考，完成思维导图。其次是学会欣赏模仿——“图形创意，招贴设计”：学生通过欣赏、分析、研究设计师们的多样风格与创作观，了解公益招贴的设计方法和设计要素、设计步骤等。再次是学会合作和表现——“携手共创美好招贴”：学生团队协作完成公益招贴的设计制作，在实践中体会设计的乐趣。最后是学会展示与评价——“你好明天，我在行动”：作品进行线上线下展示交流，用美术的方法评价招贴作品。四个课时环环相扣，层层深入，体现了基于美术学科核心素养的大单元教学理念，单元主题课程作业设计思路清晰，层次分明，具体作业的设计能与作业目标及教学目标相呼应。

3. 作业内容丰富，形式灵活多样，注重培养学生的创造性思维。该案例设计了丰富的作业内容，作业内容与作业形式的设计均能精准地反映作业目标与课程目标。案例中思维导图、四要素及设计招贴等作业设计体现了对学生发散性思维、收敛性思维等创造性思维及学习能力的培养。该作业设计案例中，刘老师以具有代表性的作品为例，启发引导学生在形象的图例中，以欣赏、思考、交流探究、总结、实践等方法调动学生学习积极性，以学生为主体，以教师为主导展开教学，践行了新课改的教学理念。

（点评教师：福州第十九中学　王天鸽）

参考文献：

［1］普通高中美术课程标准修订组．普通高中美术课程标准（2017年版）解读［M］．北京：高等教育出版社，2018.

高中组

“漂亮是美术鉴赏的标准吗？”单元作业设计

课程名称：“漂亮是美术鉴赏的标准吗？”单元作业设计
教材版本：《普通高中教科书 美术 必修 美术鉴赏》（人美版）
设计教师：福建省厦门第一中学　高千雅
指导教师：福建省厦门第一中学　王晓丹

 课程主题概述

（一）核心素养目标

培养学生运用美术学科知识解决学习、工作和生活中各种问题的能力和创新能力。在多元化的教学中让学生对不同的艺术作品进行鉴赏，提高判断美与丑的能力，学会理解、尊重不同国家的文化与传统，逐步形成正确的价值观念、必备品格和关键能力。

单元核心素养目标	
图像识读	以小组合作探究等方式识别与解读图像的内涵和意义，指导学生以联系、比较的方法进行整体赏析，感受美术作品中的艺术美与形式美所产生的独特魅力。
美术表现	学生联系现实生活，结合其他学科知识，通过自主创作、小组合作探究性学习，体会“像艺术家一样思考”；运用不同的语言元素和语言手段表现画面，从而对画面中的语言规则有新的认识与把握，最终形成对美术鉴赏更深入的认识。
审美判断	提升学生的审美认识，提高鉴赏水平，感受和认识美的独特性和多样性，形成基本的审美能力和健康的审美趣味；用形式美原理和其他知识对自然、生活和艺术中的审美对象进行感知、描述、分析和评价。
文化理解	在对不同作品的赏析中强化学生的鉴赏意识，感知艺术的形式原理及魅力，生成广泛的文化认同感，实现艺术素养的培养和升华。

（二）教材分析

本单元主题课程为人民美术出版社出版的《普通高中教科书 美术 必修 美术鉴赏》中的第六课《漂亮是美术鉴赏的标准吗？——艺术美与形式美》。教材中，本课分为两个板块：“什么是艺术美？”“什么是形式美？如何把握形式美？”教材中对具象艺术、意象艺术、抽象艺术等不同形式的作品进行比较，使学生从对形象的感受进入对形式的分析，

从而认识作品中体现出的艺术美与形式美。纵观本课，教材中体现出的多为理论性知识，较为抽象，如何引导学生理解与消化这些知识成为教学难点，于是本单元作业设计以核心素养与五育并举中的德、智、美为基底，将本课设计成单元式教学。通过一系列的活动作业，引导学生对本课的知识进行递进式学习。学生在一步步完成活动作业的过程中，认识到艺术美与形式美在画面中的重要性，最终理解本课的基本问题——漂亮并不是美术鉴赏的唯一标准。这是一个形成持续理解的过程，在活动中学生通过不同领域的知识点，对艺术美与形式美进行消化与理解，将分散的知识统整到美术鉴赏中。

（三）学情分析

学生通过之前对具象艺术、意象艺术、抽象艺术等一系列课程的初步学习，对美术鉴赏有了新的认识，但是学生对于一件作品的审美判断仍存在一些不足，大多数学生只关注美术作品外在美，如何通过欣赏外在美挖掘美术作品的艺术美成了需要解决的问题。由于本学校学生探索知识的能力很强，所以本单元作业设计了很多自主合作探究性活动作业。通过一系列学习活动，带领学生运用形式鉴赏的方法鉴赏美术作品，从而深层次地认识美术作品的艺术美与形式美。

 作业实施

本课的教学重点是对于语言元素、语言手段、语言规则的学习，引导学生理解什么是艺术美与形式美以及艺术美与形式美的差异。教学难点是指导学生理解语言元素、语言手段和语言规则之间的关系，从理性到感性地鉴赏美术作品。在教学准备上，教师利用希沃白板呈现多媒体课件，以此辅助教育教学；学生利用课本、透明档案夹、白板笔、尺子、学习单等材料进行学习。课时安排分为三个课时，共九个活动作业。学生联系生活进行跨学科美术学习，多角度鉴赏美术作品，通过自主、合作、探究的学习方法，完整经历“像艺术家一样创作”的过程，深入学习相关美术知识与技能。教师为学生提供充分的展示机会，引导学生使用相关学具，帮助学生完成自主学习。每一个活动作业都制订达成方式、评价观测点、难易程度、学习水平，通过多样的作业形式激发学生的学习兴趣。

本单元作业设计构成一览表：

对应单元活动序号	活动名称	达成方式	单元目标描述	难易程度	学习水平
活动作业 1	艺术创作：向日葵	独立完成	在认识艺术美的基础上，亲爱感受、体验艺术美，经历“像艺术家一样创作”的过程。	中等	识记
	评价向日葵作品	小组合作	对知识点（具象艺术、意象艺术、抽象艺术）的回顾，初步认识美术作品的语言元素、语言手段在画面中的运用。	较易	理解

续表

对应单元活动序号	活动名称	达成方式	单元目标描述	难易程度	学习水平
活动作业 2	主题创作	独立完成	运用美术语言、构图知识经营画面，并能够记录自己的创作感想和对艺术美的深化理解与运用。	中等	应用、创造
活动作业 3	量一量	小组合作	画出人像雕塑的比例、动势线，理解比例与尺度在美术作品中的重要性。	较易	识记、理解
活动作业 4	画一画	小组合作	画出《最后的晚餐》中的透视，并勾画出画面中人物的排列，描述出画面是如何表现变化与统一的。	较易	识记、理解
活动作业 5	听一听	独立完成	感受不同节奏的音乐对应不同的画面，描述美术作品中节奏与韵律是通过什么表现出来的。	较易	识记、理解
活动作业 6	自主合作学习	小组合作	独立完成自主学习部分（对比与和谐、对称与均衡），与同学小组合作所学内容进行归纳与总结，准备汇报内容。	较难	识记、理解、协助
活动作业 7	合作汇报	小组合作	能与同学小组合作，结合作品讲解对比与和谐、对称与均衡。	较难	识记、协助、应用
活动作业 8	游戏检测	独立完成	对美术作品的语言元素、语言手段、语言规则的掌握程度。	较易	识记、理解
活动作业 9	记录感受	独立完成	将知识点从理性到感性转化。	中等	理解

（一）课时一：美术作品中的艺术美

课前探究　审美初探

【活动任务】以“你通常对于美的评判标准是什么？”创设问题情境，根据出示的几张人像照片，判断照片中的人物美与丑。

【达成方式】小组合作。

【活动难度】低。

【素养达成】审美判断。

【评价要点】是否能够从内在美的角度评判一个人的美与丑。

【设计意图】在照片的选择上，注意选择有代表性的人物照片，通过创设引发探究行为的问题情境，引导学生初步思考对美的评判标准，理解内在美的呈现方式，以此为驱动，指导接下来的一系列自主合作探究性学习并解决遇到的问题。

课中实践　逐层内化

活动作业1：像艺术家一样创作。

【活动实施】

（1）以“什么是艺术美？它有哪些表现？”为问题导向，引导学生识读罗丹的雕塑作品《欧米艾尔》，并与克拉姆斯柯依的人像油画作品《无名女郎》进行比较鉴赏，引出艺术美是如何运用美术的方式呈现的。

（2）根据老师提供的学习单中的向日葵照片，学生按照步骤尝试像艺术家一样创作（可小组合作讨论）。

美术学习单

班级：　姓名：　座号：　日期：

艺术家是如何想的？请根据所给照片，结合所学艺术美相关知识，按照流程，像艺术家一样创作。

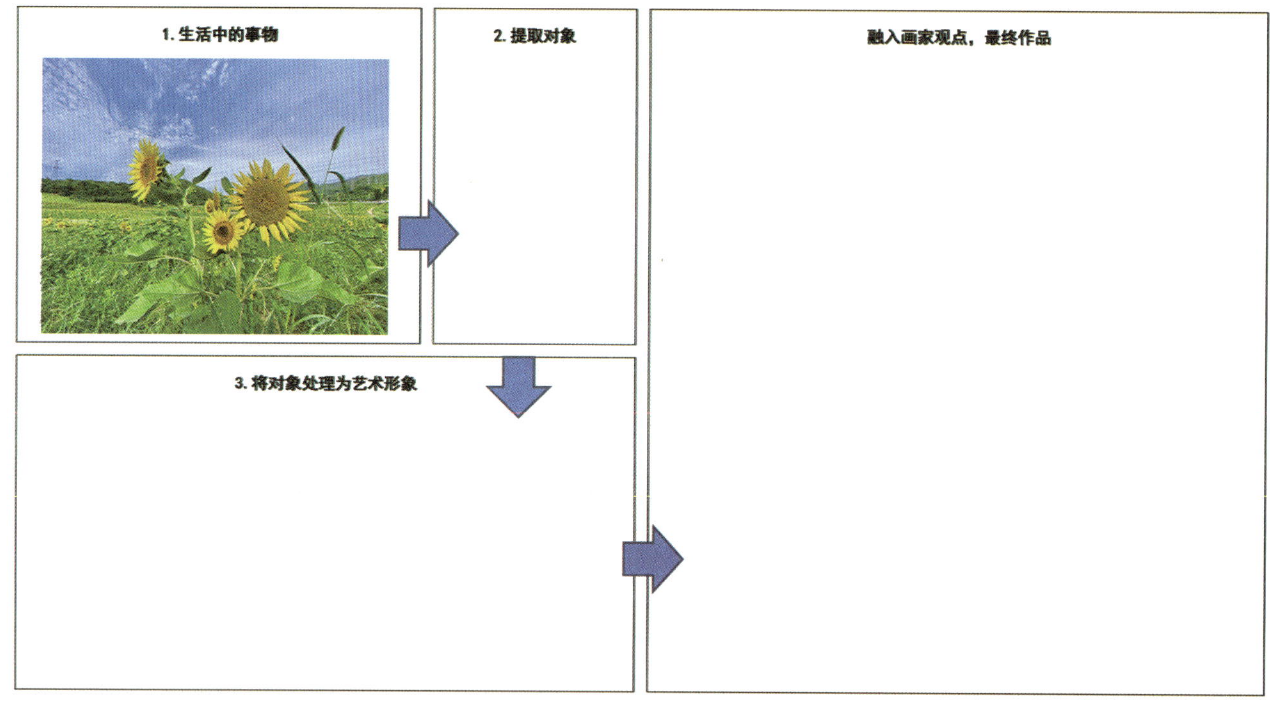

（3）学生完成学习单后，对作品进行师生互评。初步认识美术作品的语言元素、语言手段。

（4）鉴赏梵高的作品《向日葵》，引导学生理解美术作品中的艺术美是如何表现的，再对照自己的作品进行反思。

【达成方式】独立完成、小组合作。

【活动难度】中。

【学习水平】识记、理解。

【素养达成】图像识读、审美判断、美术表现、创意实践。

★学生作品展示

【活动评价】

（1）学生评价。

① 是否按照所给主题进行创作？ □是 □否

② 作品中表现的向日葵能否体现艺术美？ □是 □否

③ 作品中是否有情感的流露？ □是 □否

④ 是否考虑画面的构图？ □是 □否

⑤ 选择怎样的形式语言表现向日葵？ □具象 □意象 □抽象 □其他______

（2）教师评价。

水平 1	能够围绕主题创作美术作品；能够简单地对同学作品进行评价；能够将作品按照形式语言类型进行分类。
水平 2	运用不同的美术语言元素、语言手段，围绕主题创作具有艺术美感的意象或抽象美术作品；能够将自己的作品与他人作品进行对比、分析，客观地评价作品，能够将作品按照形式语言类型进行分类。
水平 3	运用不同的美术语言元素、语言手段，围绕主题创作具有艺术美感的具象、意象或抽象美术作品；作品具有情感的流露与表达；结合自己的作品以及组内同学的作品，从创作想法、造型、色彩和技法、画面情感的表达上，比较评价作品；能够将作品按照形式语言类型进行分类。

【设计意图】

（1）通过识读两幅美术作品，引导学生在美术鉴赏的过程中，从多角度比较鉴赏作品。比如：雕塑《欧米艾尔》与油画《无名女郎》的对比，引导学生从美术的形式语言、艺术门类的角度观察美术作品，以此增进学生敏锐地观察、领悟世界的意识与对艺术的审美感知，发展审美判断能力。

（2）通过命题创作，鼓励学生通过对主题的思考和探索，尝试主体性绘画创作，引导学生经历联系生活、构思构图等学习过程，使学生深入理解美术作品的艺术美。

（3）学生通过学习单中提供的照片，结合对具象艺术、意象艺术、抽象艺术知识点的掌握，按照步骤进行创作，初步经历"像艺术家一样创作"的过程。通过美术表现，使学生学会发现问题，以自主、合作、探究等学习方式获取美术知识与技能，解决美术鉴赏中的种种问题。

（4）学生完成学习单后，将作品用希沃白板 App 拍照上传，实时进行学生互评、师生互评，帮助学生形成观察、反思和评价的能力。从一个基本的问题引申出更多的小问题，引导学生观察、思考、分析、讨论和表现，有效地发展学生的学科核心素养。

（5）通过对艺术家作品的鉴赏，开阔学生的艺术视野，引导学生对比自己的作品，学会在画面中表现艺术美，从而解决自己在创作中遇到的问题。

课后延伸　能力迁移

活动作业 2：主题创作。

【作业任务】结合本课所学知识，以"生活"为主题创作一幅美术作品。

【达成方式】独立完成。

【活动难度】中。

【学习水平】应用、创造。

【素养达成】创意实践、美术表现。

【评价要点】运用不同的美术语言元素、语言手段，围绕主题创作具有艺术美感的具象、意象或抽象美术作品；作品中情感的流露与表达。

【设计意图】学生通过网络学习空间上传自己的作业，使作业能够更加清晰地成为学生学习量化材料。过程性作业形成数据，便于教师将数据导出，把作业按照学业质量水平分类，合理量化质性评价，最终形成电子版学习档案，满足学生个性发展。

（二）课时二：美术作品中的形式美（上）

课前检测　知识回顾

【课前任务】

利用课前几分钟，引导学生小组合作对上节课的知识点进行回顾，并完成下列检测。

（1）选择题：下列为美术作品的语言元素的是（　　）。

A. 点、线、明暗、空间　　　　B. 点、线、面、色

C. 肌理、透视、颜色、线　　　D. 明暗、肌理、空间、透视

（2）探究与思考：可从哪些角度比较鉴赏美术作品中的艺术美？

【达成方式】小组合作。

【活动难度】中。

【学习水平】识记、理解。

【素养达成】审美判断、文化理解。

【设计意图】

（1）选择题将语言元素与语言手段打乱，引导学生对上节课的知识点进一步内化，学会理性鉴赏美术作品，最终达到感性的认识。

（2）探究与思考题意在引导学生理解美术鉴赏的方法与过程，学会将所学知识迁移与运用。

课中实践　启思深化

活动作业 3：量一量。

【作业任务】引导学生对雕塑作品《荷矛者》的比例进行深度学习，理解这种人物艺术形象的比例；小组合作探究，用透明板、白板笔、尺子，验证《米洛斯的阿芙罗狄特》中人物的比例是否也是 1∶7；请学生利用希沃白板中的“几何线段”功能进行验证，共同总结比例与尺度在美术作品中的体现。

【达成方式】小组合作。

【活动难度】低。

【学习水平】识记、理解。

【素养达成】图像识读、审美判断、文化理解。

【评价要点】是否精准地画出 1 ∶ 7 的人体比例，理解美术作品中语言规则的比例与尺度。

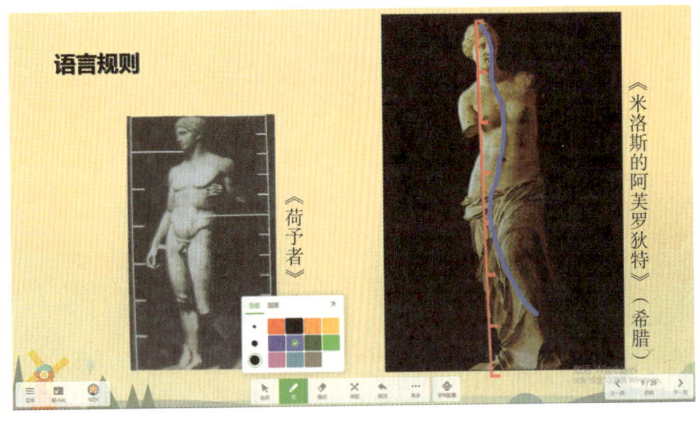

【设计意图】通过图像识读，培养学生识别、比较与辨别图像的能力；运用透明画板画出比例，综合运用不同的学习媒介、学习方式，丰富美术鉴赏教学的过程，创设引发探究行为的问题情境，引导学生在自主、合作、探究中，联系生活，运用跨学科知识（数学）

对美术作品进行感受和理解；利用电子白板画图功能讲解作品中的动势，引导学生理解美术作品不是完全机械地按照 1∶7 这个比率去套用，还要根据作品的动作变化应变。

活动作业 4：画一画。

【作业任务】学生按照学习单上的任务，进行小组合作探究性学习。将透明板与学习单相结合，小组合作讨论作品中人物是如何排列的，透视是如何呈现的，将其绘制在透明板上。

【达成方式】小组合作。

【活动难度】低。

【学习水平】识记、理解。

【素养达成】图像识读、审美判断、文化理解。

【评价要点】准确画出该作品的透视关系，能够分析出人物的排列关系，理解美术作品中语言规则的变化与统一。

部落合作学习单

部落名称：　班级：　时间：

1. 画面中的人物形象是如何排列的？（可以画出来）

2. 请用透明板画出透视。

《最后的晚餐》（湿壁画 4.6 米 ×8.8 米 约 1495–1498）（意大利）达·芬奇 米兰感恩圣母堂

【设计意图】结合之前学过的知识点，间接引入本环节的知识点，使学生认识到“变化与统一”是如何表现在画面中的，在之后的美术鉴赏学习中，学生会更加理性地关注美术作品的形式美感。

活动作业 5：听一听。

【作业任务】播放两首具有节奏差异的音乐，根据音乐节奏判断符合哪一幅作品？（吴冠中《春》；葛饰北斋《神奈川冲浪》）

【达成方式】小组合作。

【活动难度】低。

【学习水平】识记、理解。

【素养达成】图像识读、审美判断。

【评价要点】通过视与听的结合，理解在美术作品中语言元素的大小变化、主次规律体现的语言规则的节奏与韵律。

【设计意图】音乐与美术同为艺术学科，音乐靠听觉感知艺术，美术则靠视觉感知艺术。本环节通过听觉与视觉结合来触动学生的想象力，启发学生的感知力，从而感受美术作品中语言规则的节奏与韵律。

课后合作　知识整合

活动作业 6：自主合作学习。

【作业任务】学生结合具体作品，自学美术作品语言规律中的对比与和谐、对称与均衡，为下节课小组汇报做准备。学生在课上进行小组讨论与分工，确定汇报方式，翻开书自学对比与和谐、对称与均衡相关知识点，下课后根据自己的任务查找资料。

【达成方式】小组合作。

【活动难度】高。

【学习水平】识记、理解、协助。

【素养达成】图像识读、审美判断、文化理解。

【设计意图】通过自学，学生认识到美术鉴赏是从理性到感性的审美活动，从而养成知识整合的好习惯，同时也为下节课的学习活动做铺垫。

（三）课时三：美术作品的形式美（下）

课中实践　知识内化

活动作业 7：合作汇报。

【作业任务】根据第三课时布置的作业，学生以汇报的形式总结对比与和谐、对称与均衡的知识点。小组合作学习，每一组有水平 1、2、3 的学生，由水平 3 学生带领水平 1、2 学生进行小组合作，互帮互助，共同学习。

【达成方式】小组合作。

【活动难度】高。

【学习水平】创造、协助、应用。

【素养达成】图像识读、审美判断。

【评价要点】

（1）通过自主合作探究性的学习，能够理解美术作品语言规则的对比与和谐、对称与均衡。

（2）理解语言规则可以综合性地体现在美术作品中。

【设计意图】形成以学生为主体的小组合作研究性教学，给每位学生表达个人观点的机会，鼓励不同审美感受、观点之间的交流，让学生学习如何表达，如何尊重、理解他人观点。

活动作业 8：游戏检测。

【作业任务】设计游戏比拼，对整个单元知识点加以梳理与巩固，考查学生对知识点的掌握情况。

【达成方式】独立完成。

【活动难度】低。

【学习水平】识记、理解。

【学科素养】文化理解。

【设计意图】游戏式测验能够很好地激发学生的学习兴趣，激发学生对美术鉴赏相关知识的求知欲望。游戏结束对正确错误答案的公布与讲解，直观清晰地解决了本节课的重难点，也能够加深学生对知识点的理解与巩固。

课后反思　知识深化

活动作业 9：记录感受。

【作业任务】

（1）课时结束时引导学生回过头来审视自己创作的作品，通过反思自己的作品应该如何表现艺术美与形式美，将本单元内容消化，并修改自己创作的作品。

（2）根据本单元所学内容，绘制一个思维导图。

（3）鉴赏毕加索的作品《在红色安乐椅上睡着的女人》，谈一谈艺术美与形式美的关系，通过网络学习空间提交作业。

【达成方式】独立完成。

【活动难度】中。

【学习水平】理解。

【学科素养】图像识读、美术表现、创意实践、审美判断、文化理解。

【评价要点】

（1）理解美术作品的艺术美与形式美。

（2）能够从语言规则的角度修改自己的作品。

（3）能够从形式美的角度鉴赏美术作品。

【设计意图】在信息化环境下，学生通过网络学习空间提交作业，使过程性作业形成数据，教师把作业按照学业质量水平分类，合理量化质性评价，最终形成电子版学习档案袋，用以记录学生的认知过程与学习成果，为学生对美术鉴赏学习过程进行反思和评价提供证据和资料。从理性到感性的美术作品鉴赏作业，能够更好地培养学生将知识进行整合的能力。

 三 总结与点评

本单元作业设计，通过一系列活动，引导学生对本节课的知识点进行递进式学习，认识到艺术美与形式美在画面中的重要性，最终理解本课的基本问题——漂亮并不是美术鉴赏的唯一标准。这是一个形成持续理解的过程，在活动中学生通过不同领域的知识点，对艺术美与形式美进行消化与理解，将分散的知识运用到美术鉴赏中。美国课程专家格兰特·威金斯认为，“理解”是指把所学知识迁移到新的环境和挑战之中，而不仅仅是知识的回忆和再现。所以本单元作业设计围绕发展学生的核心素养进行，设置多元化的学习活动作业。为使学生能够理解本单元的基本问题，本作业设计通过多种角度和方法对美术作品进行鉴赏，引导学生发现问题，并想办法解决问题，在过程性学习中理解

与掌握知识点，使学生通过单元作业活动，养成能够适应终身发展和社会发展需要的必备品格和关键能力。所以在素养达成上，不仅实现美术学科核心素养的达成，还有其他学科核心素养的达成。

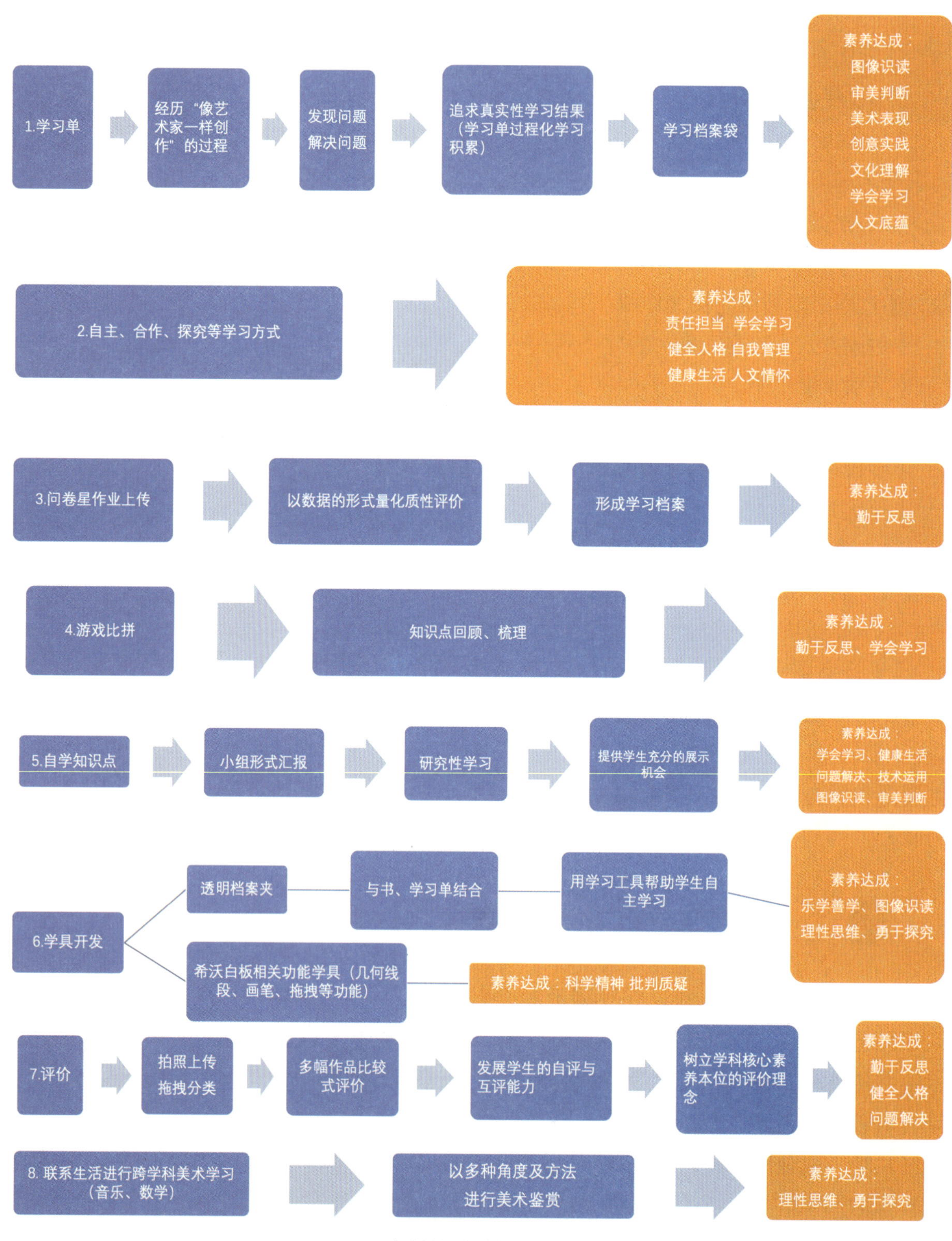

素养的达成与梳理

针对作业设计进行以下点评：

1. 教材处理。

本单元作业设计教学目标明确，将美术教学中的知识结构与学科素养进行有效融合。在教学内容方面重难点突出，理论联系实际，引导学生多角度、深层次地进行知识点内化。

2. 教学设计。

教学设计逻辑性强，教学语言表达准确，现代信息技术与教师示范讲解相结合，合理巧妙地设计学具进行教学辅助，有效传授教材中的知识点。从理论延伸到实际运用当中，注重学生主题性小组合作，动手与动脑相结合，引导学生主动探究，不仅提高了学生的学习兴趣，也使美术核心素养目标有效达成。

3. 教学方法。

主要用到讲授、赏析、讨论、示范、观察、练习等方法，运用多种教学方法使学生有效掌握本课的知识点，并能够在实践中运用这些知识点，做到真正的学以致用。

4. 教学效果。

本单元作业设计符合学生对本单元知识、技能的掌握要求，在一定程度上使学生对美术作品的艺术美与形式美有了进一步认识。当然，也有一些不足的地方，在进行美术作品形式美分析的同时，如能让学生们再把形式美与艺术美高度相关联，就可以达到最佳的教学效果，在高中学段使学生的美术辩证思维达到一定的高度。

（点评教师：福建省厦门第一中学　王晓丹）

参考文献：

[1] 格兰特·威金斯，杰伊·麦克泰哥. 追求理解的教学设计[M]. 闫寒冰，宋雪莲，赖平，译. 上海：华东师范大学出版社，2017.

[2] 中华人民共和国教育部. 普通高中美术课程标准（2017年版）[M]. 北京：人民教育出版社，2020.

“我们怎样运用自己的眼睛”单元作业设计

课程名称：“我们怎样运用自己的眼睛”单元作业设计
教材版本：《普通高中教科书 美术 必修 美术鉴赏》（湘美版）
设计教师：泉州第十六中学　杨荣荣
指导教师：泉州市台商投资区张坂中学　林伯渠

课程主题概述

（一）核心素养目标

让学生了解美术作品所包含的信息是多方面的，学会用科学、系统的鉴赏方法来读取美术作品中的视觉和文化信息，增进对美术作品的理解，掌握用图像学分析美术作品的方法。

单元核心素养目标	
图像识读	了解美术作品所包含的信息是多方面的，学会用科学、系统的鉴赏方法来读取美术作品中的视觉和文化信息，以达到对美术作品的理解。学习并掌握用图像学的方法分析美术作品。
美术表现	理解艺术家的创作思维，能够像艺术家一样思考。
审美判断	能够选择恰当的鉴赏方法，鉴赏相应的美术作品；能够通过辩论赛形式，熟练地运用多种鉴赏方法对作品的形式特征、社会含义、内在精神以及文化内涵进行具体鉴赏分析，解释和评价美术作品。
创意实践	能够突破以往习惯性的观察和鉴赏角度，尝试从新的角度鉴赏作品。通过小组分工、合作，学生完成一场名画“再现”的展示并用短视频的方式记录作业。
文化理解	具备从文化角度观察和理解美术作品的意识，运用社会学式鉴赏方法，对美术作品的时代背景及文化内涵等因素展开探究。

（二）教材分析

本单元教学内容选自湘美版高中美术教材《美术鉴赏》第一单元第三课《我们怎样运用自己的眼睛》。这一课作为美术鉴赏课程入门单元的最后一课，探讨的是美术鉴赏的方法，课程内容涉及很多专业的美术术语和鉴赏角度，如果只用一节课时间，无法让学生深入体验鉴赏过程，享受与画家对话的过程。本单元作业设计以《最后的晚餐》《夜巡》《韩熙载夜宴图》《步辇图》这四幅美术作品沉浸式鉴赏体验为例，将这一课拓展成单元教学，并设计一系列活动作业。确定本单元课程的大概念为“理解美术作品就是与艺术家产生对话的过程”，主题为“艺术家如何创作美术作品”，基本问题为：1. 美术作品是如何被解读的？ 2. 艺术家如何创作出具有个性的美术作品？

教材信息	《普通高中教科书 美术 必修 美术鉴赏》(湘美版)
课时数量	4 课时
课时内容	第一课：“感知与判断——美术鉴赏的过程与方法”，主要学习感悟式鉴赏、形式鉴赏、社会学式鉴赏、比较鉴赏四种鉴赏方法的内涵与特点，以及如何运用美术鉴赏四个步骤对美术作品进行初步感受、描述与分析，帮助学生初步架构鉴赏美术作品的步骤与方法。
	第二课：“评价与解析——美术作品与艺术家的关系”，以如何综合运用多种鉴赏方法对一幅美术作品进行深入探究为中心展开教学，意在让学生摆脱对美术作品“走马观花”式的鉴赏，进入“沉浸式”鉴赏；帮助学生形成鉴赏美术作品的基本思路。
	第三课：“认同与分歧——美术作品的意义与价值判断”，运用比较式鉴赏分析、解释、评价中西方美术作品的异同点；了解不同创作者、时代、地域造就的美术特征，帮助学生深层次地理解影响中西方艺术家创作因素的差异性。
	第四课：综合实践活动，在前三课的基础上引导学生跨学科融合，进行美术作品的再创造——编写剧本；综合运用各学科（语文、音乐、信息技术等）知识，以艺术还原、演绎的形式进行舞台剧表演，展现名画的风采与故事，并运用网络技术进行剪辑。
教学重点	理解美术作品内容与形式之间的关系，运用多学科知识个性化解读美术作品。
教学难点	如何能够从艺术家的创作思维鉴赏美术作品。

（三）学情分析

现在的高中生缺乏对美术学科的好奇心与兴趣，他们简单地认为美术鉴赏就是用眼睛看，看这幅美术作品的内容是什么，没有进行深层次的挖掘学习。我猜想原因有以下几点：首先，学生的美术课基础不尽相同，造成学生水平不一、相差悬殊。其次，课时分配零散，学生没有系统地学习美术鉴赏理论知识，造成对专业术语、美术作品的相关内容、背景不够了解。再次，学生的文化课学习压力很重，没有时间对作品做深入了解，美术鉴赏课程学习的参与性不高，纯粹依靠老师讲解。

作业实施

（一）课时一：感知与判断——美术鉴赏的过程与方法

课前探究 知识前测

【活动形式】资料收集与整合。

【活动难度】低。

【活动时长】18 分钟。

【活动任务】学生阅读课本，并查阅、检索资料，开展课前自主学习，对本节课的知识点进行预先了解。

【活动具体要求】

1. 美术鉴赏方法的名词解释。

（1）感悟式鉴赏。

（2）形式鉴赏。

（3）比较鉴赏。

（4）社会学式鉴赏。

2. 建议从以下几个方面展开探究与交流。

（1）每种鉴赏方法的内涵及其特点。

（2）每种鉴赏方法适用的美术作品类型。

（3）列举每种鉴赏方法涉及的专业术语（4 ~ 5 个）。

【对标核心素养】文化理解、图像识读。

【评价要点】参与性、探究性能力、信息技术实践能力。

【设计意图】通过课前探究活动，学生对美术作品的四种鉴赏方法形成基本了解，为后面对美术作品的深入探究奠定基础。

课中实践　知识内化

【活动形式】描述、分析、表达、选择、评述。

【活动难度】中。

【活动时长】35 分钟。

【活动任务】

1. 自主探究，图像识读。

（1）观察作品，识读美术作品所包含的信息。

（2）交流作品，完成学习记录单。

学习记录单			
姓名：	班级：	学号：	等级：
名画的初印象（感悟式鉴赏）	①作品带给你什么感受？（可以用简单的词语形容） ②你认为这幅作品表现了怎样的场景或画面内容？ ③画面的主体是哪一部分内容或人物？ ④绘画的作者以及绘画产生的时代？		
名画的形式分析（形式鉴赏、社会学式鉴赏）	①作品属于哪种美术类别？ ②作品的风格、表现手法、艺术特色、画面形式、叙事手法是什么？ ③作品所表现的事件、时代背景、原因是什么？ ④作品中有几个人物？人物的动态、表情、装束、道具等表达了什么情节或事件？周围的环境、气候、光线的作用是什么？画家希望借此告诉观众什么？ ⑤画家的生平、所处的时代、创作意图以及创作过程。		

2. 自主学习，审美判断。

鉴赏的四个步骤：描述、分析、解释、评价	
描述	陈述在作品中看到的东西，包括画面的内容、色彩、材质、肌理、尺寸等。
分析	探讨形式关系，包括形状间的相互关系、色调的处理、空间的营造等。
解释	分析作品，推测作品的意义和作者想表达的思想。
评价	在一定范围内对作品进行比较分析，包括与作者其他作品，与同时代其他作者的作品比较，与同类型作品比较等。

3. 随堂检测，巩固新知。

（1）单选题：经典名作《韩熙载夜宴图》属于（　　）。（审美感知）

A. 人物画　　B. 肖像画　　C. 风俗画　　D. 花鸟画

［说明］考查学生对中国画三大画科的了解。

（2）单选题：《最后的晚餐》运用的是（　　）原理。（审美感知）

A. 平行透视　　B. 成角透视　　C. 三点透视　　D. 散点透视

［说明］考查学生对西方美术作品透视原理的了解。

（3）简答题：请根据美术鉴赏的四个步骤，结合教材分析达·芬奇的另一名作《蒙娜丽莎》。（文化理解、审美感知）

［说明］考查学生对美术作品鉴赏方法的运用。

【对标核心素养】审美感知、文化理解。

【评价要点】参与性、审美性、协作性、探究性实践能力。

【设计意图】指导学生仔细品读作品的艺术形象、形式和风格，用语言描述的方式表达自己的鉴赏体会。帮助学生在活动中由浅入深地赏析美术作品，建构美术作品鉴赏的步骤与方法。

课后拓展　能力迁移

【活动形式】总结、归纳。

【活动难度】中。

【活动时长】10 分钟。

【活动任务】从课中探究的四幅美术作品中选择一幅美术作品，结合学习记录单设计一份思维导图，分享至班级微信群。

【活动具体要求】

（1）能合理运用感悟式鉴赏、形式鉴赏及社会学式鉴赏三种鉴赏方法解析美术作品。

（2）有清晰的思维框架，艺术语言表述科学、准确。

（3）可以手绘（文字加图画）呈现或运用 WPS、金山文档等软件进行设计。

【对标核心素养】审美感知、文化理解。

【评价要点】表达能力、逻辑性、文学素养。

【设计意图】学生通过活动能够将课中的知识内化，形成对美术作品的初步印象。

【课时活动评价】

1. 学生的自我评估和反馈。

（1）通过本课学习，你对美术作品的鉴赏有什么新的认识？如何理解四种鉴赏方法的内涵与特点？

（2）你设计的思维导图是否运用了感悟式鉴赏、形式鉴赏、社会学式鉴赏三种鉴赏方法，是否说明美术作品的艺术特征与文化内涵？从他人的思维导图中你学习到哪些内容？

2. 教师评价。

水平 1	能基本感知美术作品，用简单的语言描述自己的感受，并用美术的形式语言简要分析美术作品，获得初步的审美与表达能力。	合格
水平 2	能用美术的形式语言（点、线、面、色彩、构图、肌理、造型等）描述美术作品，准确分析作品特征，内容丰富，条理清晰。	良好
水平 3	能联系文化背景、社会含义、内在精神以及文化内涵进行具体鉴赏分析，精准运用美术语言解释和评价美术作品，语言准确，逻辑性强。	优秀

（二）课时二：评价与解析——美术作品与艺术家的关系

课前探究　知识前测

【活动形式】建立小组、查阅资料、交流。

【活动难度】低。

【活动时长】15 分钟。

【活动任务】课前，学生选一幅名画运用鉴赏四个步骤对作品进行深入分析，并形成美术作品的名片。选择相同名画的同学组建学习小组，设计并填写小组通讯录。

美术作品名片	
作品示意图	描述
	分析
	解释
	评价

小组通信录示例：

小组通信录			
小组名称：		组长：	
组员承担的任务及联络方式			
姓名	能够承担的任务	QQ	微信
小组宣言			

【活动具体要求】

（1）作品示意图可以是简单外形轮廓描绘，也可以采用拍照、打印、粘贴等方式。

（2）描述与分析环节建议不少于三个角度。

（3）解释环节需要有美术作品画面的局部形象的详细解析。

【对标核心素养】审美感知。

【评价要点】学生能否充分运用上节课学到的鉴赏方法简要分析美术作品。

【设计意图】通过课前探究活动，学生可以联系在课时一中获得的知识经验，通过交流与查阅资料，快速形成对美术作品的基本印象，为后面的小组深入分析奠定基础。

课中实践　知识内化

【活动形式】分析、讨论、判断、表达、评述。

【活动难度】中。

【活动时长】38 分钟。

【活动任务】合作探究，审美判断。学生依据学习单进行小组分工，深度分析美术作品。

学　习　单

小组名称：________　组长：________

1. 课题名称：《韩熙载夜宴图》赏析

2. 完成课题所采用的形式（在线调查、咨询、讨论）。

①对作品所处的时代背景的研究：

五代十国的时代背景、南唐后主与韩熙载的关系、南京与《韩熙载夜宴图》相关古迹等。

②对画家的研究：

生平、所扮演的角色、与韩熙载的关系、创作意图、艺术/精神追求等。

③这幅画为什么会成为中国十大传世名画之一？

它有什么与众不同的地方？它的价值体现在哪些方面？为什么为世人所瞩目？

学　习　单

小组名称：________　组长：________

1. 课题名称：《步辇图》赏析

2. 完成课题所采用的形式（在线调查、咨询、讨论）。

①对作品所处的时代背景的研究：

唐朝的社会背景；松赞干布与唐太宗的关系；唐卡与文成公主入藏的渊源；唐卡的文化历史价值等。

②对画家的研究：

生平、所扮演的角色、创作意图、艺术/精神追求等。

③这幅画为什么会成为中国十大传世名画之一？

它有什么与众不同的地方？它的价值体现在哪些方面？为什么为世人所瞩目？

学　习　单

小组名称：________　组长：________

1. 课题名称：《最后的晚餐》赏析

2. 完成课题采用的形式（在线调查、咨询、讨论）。

①对作品所处的时代背景的研究：

十五世纪意大利的时代背景、作品的题材与时代的关系、作品的主题、时代的审美等。

②对画家的研究：

生平、所扮演的角色、创作过程、创作意图、创作革新、艺术/精神追求等。

③这幅画为什么会成为文艺复兴时期的代表作？

在达·芬奇之前有很多画家画过这一题材，为什么都不如《最后的晚餐》对后世产生的影响深远？

它有什么与众不同的地方？它的价值体现在哪些方面？为什么为世人所瞩目？

学 习 单

小组名称：________ 组长：________

1.课题名称：《夜巡》赏析

2.完成课题采用的形式（在线调查、咨询、讨论）。

①对作品所处的时代背景的研究：

十七世纪荷兰时代背景、画面中人物的关系、时代的审美倾向等。

②对画家的研究：

生平、所扮演的角色、与雇主的关系、创作过程、创作意图、创作革新、艺术/精神追求等。

③这幅画为什么会成为伦勃朗的代表作、荷兰的国宝？人们普遍认为《夜巡》改变了伦勃朗的一生，你是否认同这个观点？

它有什么与众不同的地方？它的价值体现在哪些方面？为什么为世人所瞩目？

【对标核心素养】审美判断、文化理解。

【设计意图】通过小组合作学习，学生在小组探究活动中提升文化理解能力和审美判断能力，培养团队协作的能力。

【活动评价】

1.学生的自我评估和反馈。

（1）你是否积极参与了课堂活动？你在小组活动中扮演的角色是什么？

（2）影响美术作品的重要因素有哪些？通过本课学习与活动体验，你对美术作品与画家的关系有哪些新的认识？

2.教师评价。

水平1	能基本了解作品的背景，用简单的语言评价作品的历史价值，对画家有基本的认识。	合格
水平2	能联系时代背景准确分析作品特征的形成原因，合理地运用美术语言评价作品的历史价值，对画家的人生与艺术追求有一定的了解。	良好
水平3	准确运用美术语言对作品的背景、文化内涵进行深入分析，对美术作品的历史价值和画家的艺术追求有自己的见解，语言表述流畅，条理清晰。	优秀

课后拓展 能力迁移

【活动形式】资料整合、归纳。

【活动难度】中。

【活动时长】25分钟。

【活动任务】制作一份图文并茂的研究报告，每个小组推选一位发言人，介绍本组的研究成果。

【活动具体要求】

（1）汇报形式：PPT图文呈现、Word文档图文解说、拼贴手绘图等形式配合解说。

（2）汇报要求：选择上述形式中的一种，推选发言人进行本组研究项目的汇报，汇报内容以美术方面知识为主，文化信息为辅，时长为 3 ~ 5 分钟。

【对标核心素养】审美感知、美术表现。

【评价要点】参与性、探究性能力、调控性能力、信息技术实践能力。

【设计意图】通过探究活动，学生基本了解不同美术作品的风格、文化内涵，为后面的自主深入分析奠定基础。

（三）课时三：认同与分歧——美术作品的意义与价值判断

课前探究　知识前测

【活动形式】资料收集与汇总。

【活动难度】中。

【活动时长】25 分钟。

【活动任务】课前，依据不同美术作品，学生小组分为中国作品组和外国作品组，开展课前探究性学习活动，以辩论赛的形式进行观点交流。

辩论分为两种模式：1. 两个小组分别开展组内辩论。2. 中国作品组和外国作品组进行辩论。

【活动具体要求】

1. 建议从以下几个方面展开辩论活动。

（1）对美术作品的形式（造型、色彩、形式美感）进行深入分析。

（2）对美术作品的意义与价值进行评价。

2. 辩论前两个小组分别上交辩论方案，提供相应的图表、图片、PPT、辩论稿等（可以请外援）。

【对标核心素养】审美判断、文化理解。

【评价要点】参与性、探究性能力、调控性能力、归纳总结能力。

【设计意图】通过课前探究活动，加深学生对中西方不同时期美术作品风格、时代文化的了解，为后面的中西方美术作品的比较分析奠定基础。

课中实践　知识内化

【活动形式】描述、分析、讨论、表达、选择、辩论、评述。

【活动难度】中高。

【活动时长】38 分钟。

【活动任务】

1. 辩论探究，审美判断。

辩论主题：美术作品的意义与价值判断。

初辩：综合运用各种鉴赏方式，对中西方美术作品的形式（线条、色彩、空间、材质等）与内容（主题、题材、情境）进行辩论。

二辩：对中西方文化、画家所处时代以及创作环境展开辩论。

终辩：结合画家个人的艺术追求与美术作品的背景资料，创造性地进行辩论总结。

2. 随堂检测，巩固新知。

画家潘天寿说："东方绘画之基础在哲理，西方绘画之基础在科学。根本处相反之方向而各有极则。"结合所学对这句话进行阐释，针对中西方美术作品的意义与价值判断作500字左右的评论小文章。

【对标核心素养】审美感知、文化理解。

【评价要点】参与性、审美性、协作性、探究性实践能力。

【设计意图】通过小组合作学习，提升学生对中西方美术作品风格、文化、画家个性等的理解，提高美术素养能力，养成团队协作与独立学习的习惯。

【活动评价】

学生的自我评估和反馈：

（1）在本课中，你是否积极参与了课堂活动？你在小组活动中扮演的角色是什么？

（2）通过本课辩论活动体验，你对中西方的美术作品与艺术家的创作关系有哪些新的认识？

课后拓展　能力迁移

【活动形式】归纳、总结。

【活动难度】低。

【活动时长】15分钟。

【活动任务】将课堂上的辩论比赛录成视频，每个小组结合辩论要求增添相应字幕、背景、配乐，剪辑成小视频，分享至校园网站进行投票。

【对标核心素养】审美感知、文化理解。

【评价要点】表达能力、创意性、文学素养、趣味性。

【设计意图】学生在具体情境中进行知识的迁移应用，将课中所学知识内化，提升在现实中发现问题、解决问题的能力。

（四）单元综合实践活动：赏析构思，"再现"名画

【涉及学科】美术、文学、语言艺术、音乐、表演、信息技术等。

相关学科所涉及的主要知识点：

（1）美术：知道立体造型的表现方法和海报的绘画手法，能用多视角解读美术作品。

（2）文学：能将美术作品所包含的图像信息和内蕴含义合理转化为文本形式，并对美术作品进行合理的剧本改编。

（3）语言艺术：能够针对美术作品设计一系列对话，流畅地进行口头语言表达。

（4）表演：知道无实物表演的技巧，能够准确表现角色特点。

（5）音乐：能够为不同的场景选择合适的配乐。

【活动时长】40 分钟。

【活动形式】模仿、编创、设计、演绎等。

【活动难度】高。

【活动准备】小组分工、合作编写剧本，并做好人员安排。

【活动实施】

（1）“剧本小创作”。

①编写剧本：剧本的编写采用“总—分—总”的形式，先由小组成员共同确定总体提纲与主题（探案型、穿越型、纪实型、搞笑型等），再由每位小组成员各自根据总提纲编写剧情，最后小组成员协商确定终稿并进行编辑润色。

②填写小组成员合作学习工作单。

（2）“名画小剧场”。

引导学生进行舞台剧表演，并进行剪辑。

①每个小组成员根据各自的特点，承担不同的角色，如导演、摄像师、道具师、演员、灯光师等，由组长协调。

②每个小组要设计一张专题海报（可以是手绘、板绘等）。

③确定角色扮演者。

④后期制作成 30 分钟以内的短视频，包含片头、片尾、剧本、设计说明、主要角色介绍、旁白等。

⑤视频剪辑、旁白、配音可以请外援。

【对标核心素养】审美感知、创意实践、文化理解、美术表现。

【设计意图】学生通过“剧本小创作”“名画小剧场”活动，对美术作品进行个性化的赏析，从不同的视角，运用不同的形式对作品进行多方位解读，体验“像艺术家一样的思考”的过程：“为什么而画？画什么？怎么画？我要表达什么？”学生在实践活动中，把知识融入运用的过程中，有助于把知识转化为素养。综合式的探究活动更考验学生的调控力和团队协作力，学生通过活动学会“做事”进而学会“做人”，符合核心素养的要求。

【活动评价】

1. 学生评价。

<table>
<tr><th colspan="8">学生学习评价表</th></tr>
<tr><td colspan="8">小组名称：________　　姓名：________</td></tr>
<tr><td rowspan="2">评价内容</td><td rowspan="2">行为表现</td><td rowspan="2">自评</td><td colspan="4">互评</td><td rowspan="2">师评</td></tr>
<tr><td>组员</td><td>组员</td><td>组员</td><td>组长</td></tr>
<tr><td rowspan="2">学习过程表现</td><td>对活动很有兴趣，积极参与作业的设计与制作。</td><td></td><td></td><td></td><td></td><td></td><td></td></tr>
<tr><td>服从分工，完成小组分配的任务。</td><td></td><td></td><td></td><td></td><td></td><td></td></tr>
</table>

续表

学习过程表现	耐心听取同伴建议，并积极参与研讨。						
	完成了教师要求的学习任务，也很好地完成了学习记录单。						
小组合作表现	主要承担任务的完成度。						
	主要承担任务的满意度。						
	主要承担任务的积极度。						
	闪光点（组内点评加分项）。						
小组作业	小组作业效果等级。						
最终等级							
学习反思							

（注：用 A、B、C 填写等级）

小组合作学习工作单		
小组名称：________	组长姓名：________	日期：________
小组分工	**承担任务**	**责任人签名**
组长	负责整个小组工作过程。	
	分析任务，依据成员特点明确分工。	
	组织讨论，协调相互意见，把握进度，共同完成任务。	
	加强成员之间的互勉、互助、互爱，维护团队团结。	
	确定角色扮演者。	
文字编辑	剧本内容、配音、旁白。	
美工与后勤	画面形式、场景选择与布置、海报设计。	
摄像及后期	视频编辑、字幕、配音、配乐及后期。	

工作流程	工作任务	完成后打钩
集体讨论	确定拍摄的形式、主题等。	
	确定短视频的角色扮演者。	
	专题海报的设计。	
自行设定任务及完成情况		
整合、整体调整、改进		
班内发表交流		

"再现名画"作业评价表

结构指标	单项指标	自评	互评			师评
			组1	组2	组3	
现场作品呈现效果	戏剧主题明确、内容健康、中心思想突出，现场氛围活跃。					
	剧本题材新颖、构思独特。					
	作品完成度，场景布置配合情况，配音配乐和谐度。					
	演员扮演的配合度，组员配合度，组长组织效果。					
最终视频作业	摄像及后期：视频编辑、字幕、配音、配乐及后期完成度。					
	文字编辑：剧本内容、配音、旁白、字幕效果。					
	美工与后勤：画面形式、场景选择与布置效果。					
	加分项：					
等级	（注：用A、B、C填写等级评价。）					
学习反思						

"再现名画"作业评价标准

		A	B	C
现场作品呈现效果	戏剧主题明确、内容健康、中心思想突出，现场氛围活跃。	主题明确	主题较为明确	简单点到主题
	剧本题材新颖、构思独特。	剧本原创	有新意	中规中矩
	现场作品完成度，场景布置配合情况，配音配乐和谐度。	完成度高、还原度高，合作默契、相互包容	完成度较高、能相互配合	只能简单完成
	演员扮演的配合度，组员配合度，组长组织效果。	配合自然默契、有情感、相互包容	配合较为自然、偶会笑场、失误	简单完成、失误较多
最终视频作业	摄像及后期：视频编辑、字幕、配音、配乐及后期完成度。	能自主完成、剪辑流畅、自然	剪辑比较流畅、自然	简单拼凑
	文字编辑：剧本内容、配音、旁白、字幕效果。	原创、很有代入感	有新意	简单话语
	美工与后勤：画面形式、场景选择与布置效果。	搭配得当	搭配比较得当	搭配不和谐

三 总结与点评

本单元的教学内容主要是感悟式鉴赏、形式鉴赏、社会学式鉴赏、比较式鉴赏四种鉴赏方法，让学生认识到美术鉴赏不是对美术作品采取一般性、泛泛的观看方式，而是需要学习并掌握科学的鉴赏方法，认识美术作品深层次的内涵，才能更好地理解美术作品并获得独特的审美体验。因此，本单元的教学并非重在知识的传递，而是重在学生能力与素养的培养，使学生通过实践掌握美术鉴赏方法，并能够真正运用于作品的鉴赏中。

本单元作业的设计理念是符合新课程理念要求的。“如何创造适合学生的教学”这句话听起来简单但做起来一点儿也不容易。对本单元的课程来说，这个要求是更为迫切的，因为鉴赏课程本身就面临理论知识过多，很容易出现“满堂灌”“一言堂”的情况。那么，如何让学生参与到鉴赏课中，在自我学习中学到相关美术鉴赏知识呢？本设计很好地回答了这两个问题：通过学习单的自我学习、思维导图的自我总结、小组合作学习，体现教学的创造性、多样性；通过辩论赛体现师生交往、生生互动；通过运用综合鉴赏方法分析、评价美术作品来体现教学不但要重结果，更要重过程。教学设计体现了以教师引导作用的启发性来落实学生主体地位的独立性，以教师引导作用的促进性来实现学生主体地位的创造性，改变了传统教学中“老师滔滔讲，学生默默听”的情况。

本单元作业设计是比较典型的合作型学习课例，运用了诸多综合探索的手段，也有一定的探究性在里面。本作业设计立足四种鉴赏方法的探索，学生根据自己已有的对相关美术作品的了解，在小组活动中相互分享，形成各自的鉴赏感受，并分工合作，用自己的方式“再现”经典美术作品，让经典作品重新获得新的“血液”。从本设计中能感受到教师角色的转变，学生成为学习的主体，课堂成为师生交流、探究、对话的场所，在互动式的教学中完成学习任务，是一项比较可行的单元学习项目。

（点评教师：泉州市台商投资区张坂中学　林伯渠）

参考文献：

［1］王大根 . 中小学美术教学论［M］. 南京：南京师范大学出版社，2013.

［2］徐韧刚 . 目标导向的初中美术单元化探究性学习的教学研究［M］. 上海：上海教育出版社，2017.

［3］徐丹旭 . 美术信息化教学设计［M］. 尹少淳 . 重庆：西南师范大学出版社，2018.

［4］迈克·帕克斯，约翰·赛斯卡 . 美术教学指南［M］. 长沙：湖南美术出版社，2015.

“视觉传达设计”单元作业设计

课程名称：“视觉传达设计”单元作业设计
教材版本：《普通高中教科书 美术 选择性必修 设计》（湘美版）
设计教师：福州第四中学橘园洲中学 谢念群
指导教师：福州教育研究院 谢赠生 福州第八中学 柯建

 课程主题概述

（一）核心素养目标

单元核心素养目标	
图像识读	通过对经典视觉传达设计作品的赏析，理解视觉传达设计中视觉元素的构成规律、人文关怀等基础知识。学会图形设计的基础表现手段与方法，掌握视觉传达设计的基本原理。
审美判断	理解并正确运用视觉传达设计的基本原理，提高图形审美水平和感知能力，并从中获得视觉审美体验，提高对形式美法则的认识。
美术表现	能通过个性化的手段和方式，从生活中搜集各种视觉形象；能够运用平面视觉语言和视觉元素，表达对事物的新发现或新感受，熟练运用文字、图形设计的基本形式完成视觉传达设计作品，运用视觉形象传递信息。
创意实践	理解图形语言和设计意图之间的联系，拓展图形创意思维。
文化理解	建立视觉传达设计与生活的关系，体会视觉传达设计中的人文关怀、本土文化及时代气息等现代设计理念，养成善于思考、合作探究的良好学习习惯。

（二）教材分析

本单元是设计模块第一单元内容，从视觉传达设计入手的学习让学生更容易理解设计的理念和规律。视觉传达设计的基础是了解基本的视觉语言的审美意义。在本单元的学习中，学生通过对生活中的各种视觉形象及其形态的审美关注和较为系统的尝试性学习活动，获取并理解视觉传达语言，从而掌握学习的方式方法，掌握必要的设计手段，建立学习通道，形成设计意识和视觉审美经验。建立在审美体验基础上的视觉传达设计的学习活动主要反映在三个环节中，即第一节课的获取信息，第二节课的处理信息和第三节课的传达信息。

本单元教材从获取视觉形象的方法与手段的探究入手，引导学生了解图形创意的方法，拓展图形创意的思维，运用有效的创作手法和表现手段，通过视觉传达媒体有效地传达某种作品的信息，建立视觉传达设计与生活的联系，激发学生的创意思维。

教学重点：引导学生了解现代标志设计的理念、设计师标志设计的表现形式，体验标志设计的工作流程，深化对标志设计的思维方法、表现方法的理解。

教学难点：如何让学生从欣赏标志设计作品的活动转向自主思考标志设计的思维方式，并在本单元前两节课的基础上不断深化对标志设计工作流程和表现方法的理解。

（三）学情分析

高中生学业负担重，如何激发学生学习美术课程的兴趣并能深度学习成为教师面临的一个难题。这就要求老师要分析教材与学情，准确抓取课程重难点，运用单元主题教学，优化大单元作业设计，让知识形成体系化。通过单元课程由易到难的作业设计，帮助学生实现深度学习。本单元设计旨在有效解决学生动手实践难的问题，通过作业设计让学生既能表达创意思路又能把创意思路通过文字或美术表现形式表达出来。如何让美术课堂“动”起来，激发学生创新能力的提升与发展，实现深度学习与核心素养目标的达成，是单元“视觉传达设计”主题课程和单元活动类作业设计的目标所向。

二 作业实施

本课包含两个课内活动作业设计和一个课外活动作业设计。课内的两个活动作业设计由易到难层层递进，第一个活动作业设计旨在帮助学生掌握图形设计的基本程序和方法；在图形设计活动中培养学生发散性思维，建立创新意识，学会从生活图形到几何化图形的概括及表达。第二个活动作业设计由教师指导学生完成，让学生设计出与自身生活经历相结合的视觉传达设计作品，帮助学生在学习活动中提高视觉传达设计的审美能力与实践能力。第三个活动作业，有效利用学生课外时间，通过手绘或电脑设计的方式完成标志设计标准图像的图像呈现，让学生体验像设计师一样构思、创意、表达的标志设计流程。

（一）课时一

【活动任务】根据运动会项目图片，尝试进行简练的几何化图形的设计。

【活动具体要求】学生分组讨论并进行设计，汇报成果。完成活动作业单 1。

【活动时空】课内。

【设计意图】掌握图形设计的基本程序和方法；在图形设计活动中培养学生发散性思维，建立创新意识。发现学生知识缺漏，让学生学会从生活图形到几何化图形的概括及表达。

【对标核心素养】图像识读、美术表现、创意实践。

活动作业单 1

标志设计手稿		
学校:	班级:	姓名:

完成图:

初尝试:
运动标志几何化图形设计
要求：选择感兴趣的运动标志照片，抽取重要元素进行几何化图形设计。

小稿过程:

设计说明:

（二）课时二

【活动任务】填写活动作业单 2，为全国第三届青运会设计标志。相关信息如下：

举办地点：福州。

时间：2023 年。

参考主题：活力、阳光、梦想。（设计实践并附设计说明）

【活动时空】课内。

【设计意图】创设生活化情境，引导学生尝试运用设计师的设计思路，完成视觉传达设计作品，让学生体验标志设计的工作流程和表现方法，帮助学生获得视觉传达设计的经验，并提高视觉传达设计的审美能力与实践能力。

【对标核心素养】图像识读、美术表现、审美判断、创意实践和文化理解。

活动作业单 2

标志设计手稿		
学校:	班级:	姓名:

完成图:

名称:
图案:
准确性（关键词）:
信息量（人文、地域等）:
色彩:
表现形式:
文字 □
图形 □
图形和文字 □

小稿过程:

设计说明:

备注:

一、学生课堂实践:

选题：全国第三届青运会标志设计

举办地点：福州　　时间：2023年

参考主题：1.人文福州，活力青运；
2.活力、阳光、梦想。

二、要求:

1. 围绕现代设计的三个理念（时代气息、本土文化、人文关怀）；
2. 把握标志设计的特点（简洁、准确、奇特、美观）；
3. 运用标志设计常用的三种表现形式（图形、文字、图形和文字相结合的方式）。

围绕以上要点，对自己的选题进行构思、草图表现、设计说明。

选择一种设计元素分类来表现

运动会标志的设计元素分类：
- 运动元素 → □
- 区域元素 → □
- 运动 + 区域 → □

三、设计说明包括：选题、关键词、图形说明、色彩搭配、寓意等。

★学生课堂设计草图展示

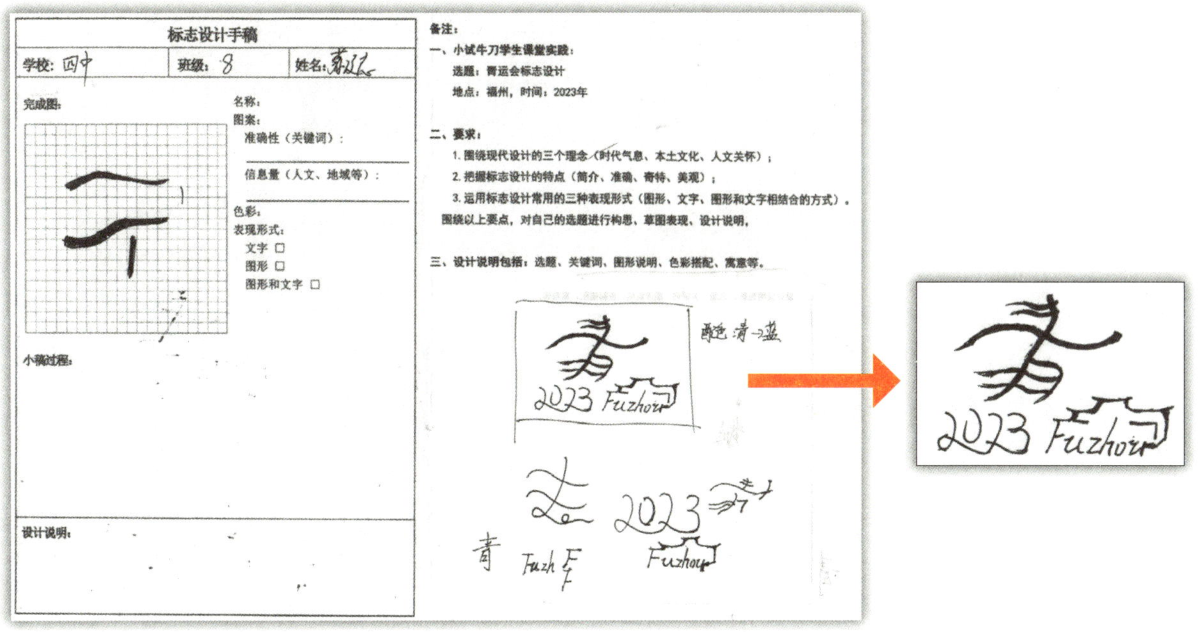
标志设计手稿

学校：四中 班级：8 姓名：

完成图：

名称：

图案：

准确性（关键词）：

信息量（人文、地域等）：

色彩：

表现形式：

文字 □

图形 □

图形和文字 □

小稿过程：

设计说明：

备注：

一、小试牛刀学生课堂实践：

选题：青运会标志设计

地点：福州，时间：2023年

二、要求：

1. 围绕现代设计的三个理念（时代气息、本土文化、人文关怀）；

2. 把握标志设计的特点（简介、准确、奇特、美观）；

3. 运用标志设计常用的三种表现形式（图形、文字、图形和文字相结合的方式）。

围绕以上要点，对自己的选题进行构思、草图表现、设计说明。

三、设计说明包括：选题、关键词、图形说明、色彩搭配、寓意等。

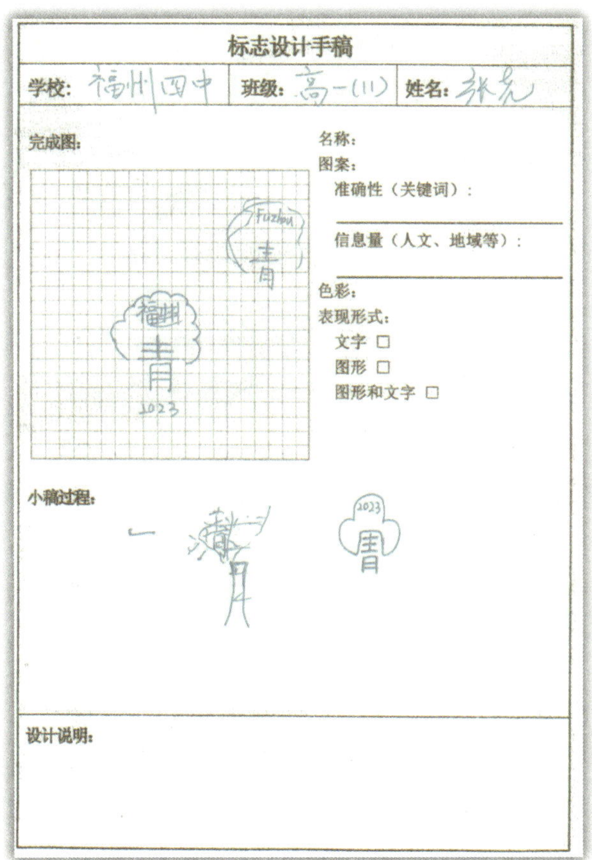
标志设计手稿

学校：福州四中 班级：高一（11） 姓名：

完成图：

名称：

图案：

准确性（关键词）：

信息量（人文、地域等）：

色彩：

表现形式：

文字 □

图形 □

图形和文字 □

小稿过程：

设计说明：

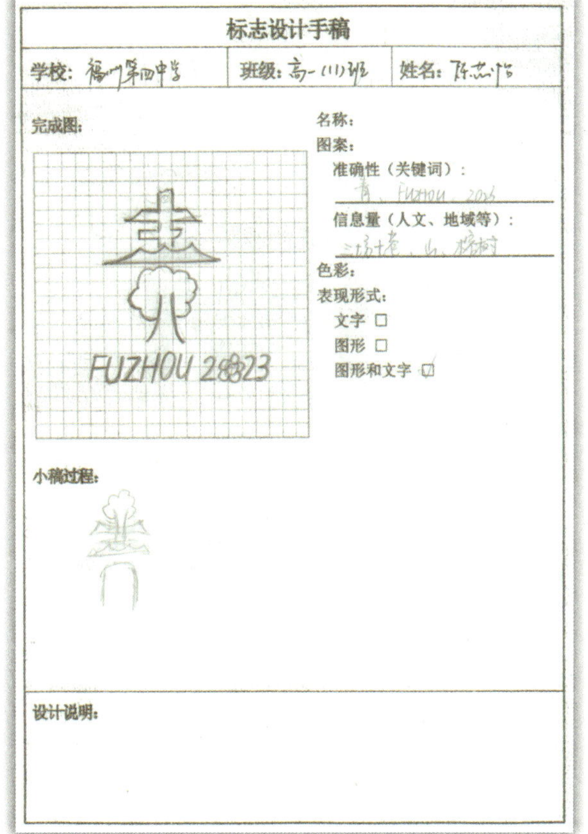
标志设计手稿

学校：福州第四中学 班级：高一（11）班 姓名：

完成图：

名称：

图案：

准确性（关键词）：

信息量（人文、地域等）：

色彩：

表现形式：

文字 □

图形 □

图形和文字 □

小稿过程：

设计说明：

（三）课外活动作业

【活动任务】在课堂草图的基础上，利用课外时间完成设计图，并完善设计说明。

【活动时空】课外。

【对标核心素养】图像识读、美术表现、审美判断、创意实践和文化理解。

【设计意图】指导学生学会用手绘或计算机软件绘制标志设计图，并书写设计说明。指导学生学会恰当地使用设计术语，依据形式和内容的定位，从功能和审美的角度，通过讨论与交流的方式评价设计作品，表达自己的态度和观点。

 总结与点评

谢念群老师的“视觉传达设计”单元活动作业设计为湘美版高中美术教材选择性必修“设计”模块第一单元的教学内容，本单元由三节课构成。下面就该单元活动作业设计案例谈谈我的看法。

（一）设计意图

高中设计模块以培养学生的创意设计思维为主，通过本单元的学习之后，学生能根据已学知识进行一定的二维设计。本单元的作业设计核心素养目标定位准确，通过生活中常见的视觉传达设计作品的图像识读，基于作品文化理解，通过具体的单元活动作业设计获得对设计师构思、设计流程及方法的体验与感悟。通过课程教学及单元作业，理解视觉传达语言，形成审美判断的能力和创意实践意识，掌握学习的方式方法。

通过本单元活动作业设计，引导学生关注生活中的问题，激发学生积极分析、解决生活中问题的兴趣。通过学习美术课程，运用美术语言、设计手段进行美术表现，让学生的所思所想成为可视的视觉形象，让设计成为改变生活的艺术。

（二）活动作业设计特点

设计模块在高中美术教学中是最适合让学生动手实践的部分之一。单元活动作业设计是进行课程教学重难点突破的有效途径，也是检验学生学习效果的重要评价工具。本单元作业设计紧紧抓住作业设计的这两项功能进行编排设计。

建立在审美体验基础上的视觉传达设计的学习活动，抓住了获取信息、处理信息和传达信息三个环节进行活动流程设计。通过活动学案纸的形式进行活动实施及作业呈现，让学生通过实践情境化了解现代设计的理念，感受设计的表现形式，体验设计师的工作流程，深化理解设计的思维方法、表现方法。

让学生从欣赏视觉传达设计作品的活动转向自主思考设计是本作业设计的一个亮点。本单元在前三节课的基础上，不断深化对视觉传达设计工作流程和表现方法的理解，从而培养学生善于思考、合作探究的良好学习习惯。

本作业设计基于项目学习对单元教学设计进行深化，探索单元活动类设计课时目标、多元的作业内容与形式优化。利用有效的作业设计，实现了教学目标的达成和课程重难点的有效突破，解决高中美术教学中，学生动手实践少的问题，使教师更易于引导学生深入

地开展探究性学习，实现教、学、评的一致性。

（点评教师：福州教育研究院　谢赠生）

参考文献：

［1］现代美术教育研究所．普通高中美术课程标准实验教科书教师用书［M］．长沙：湖南美术版社，2005.

［2］中华人民共和国教育部．普通高中美术课程标准（2017 年版）［M］．北京：人民教育出版社，2018.

“绘画中的形”单元作业设计

课程名称：“绘画中的形”单元作业设计
教材版本：《普通高中教科书 美术 选择性必修 绘画》（湘美版）
设计教师：福州第十五中学 陈臻
指导教师：福州教育研究院 谢赠生

课程主题概述

（一）核心素养目标

绘画是运用线条、明暗、色彩等手段进行描绘，创造出不同形态的艺术形象，以反映和表达作者的思想、情感和审美理想的美术门类。本单元通过不同的绘画练习方法，帮助学生认识和运用不同的绘画构图方法，掌握造型元素和形式原理的运用以及透视、比例、结构等知识，体验并学会不同工具和材料的使用方法，以及绘画技法表现的程序和要点。指导学生运用线条、明暗基本准确地表现对象的形体、比例、结构、空间关系及人物动态。运用再现、表现等方式进行绘画创作的练习，将对生活的体验和认识带入创作的情境之中，表达自己的思想、情感和审美理想，体验绘画活动带来的乐趣。

单元核心素养目标	
图像识读	1.通过本单元课程的学习，学生能以联系、比较的方法欣赏绘画作品，感受图像的造型、材质、肌理、空间等形式特征。 2.学生从技法、材料、风格及发展脉络等方面识别绘画作品的类别，了解其在学习、生活中的作用与价值，尝试辨析和解读现实生活中的视觉文化现象和信息，感受生活与艺术的联系。
美术表现	1.让学生了解绘画中表现形的方法，形成空间意识和造型意识，并初步掌握运用多种线、块面、体积、明暗、构图、肌理造型等方法。 2.运用线条、明暗等手法进行描绘练习，自创绘画主题，表达自己的意图、思想和情感，联系现实生活，结合其他学科知识，自觉运用美术表现能力，解决学习、生活和工作中的问题。
审美判断	1.引导学生感受和认识绘画形式美的独特性和多样性，形成基本的审美能力，显示健康的审美趣味。 2.运用绘画形式美原理，对生活和艺术中的审美对象进行感知、描述、分析、评价和判断，表达自己的审美感受，用美术的方式美化生活和环境。

续表

单元核心素养目标	
创意实践	1. 培养学生创新意识，学习和借鉴绘画作品中的创意和方法，运用形象思维和大胆想象。 2. 指导学生运用再现、表现等方式进行绘画创作的练习，将对生活的体验和认识带入创作的情境之中，表达自己的思想、情感和审美理想，体验绘画活动带来的乐趣。
文化理解	1. 学生临摹学习中外大师绘画作品，从文化的角度观察和理解美术作品、美术现象和观念，了解美术与文化的关系。 2. 引导学生认识中华优秀传统美术的文化内涵及其独特艺术魅力，形成对中华文化的认同感，培养学生形成对世界多元文化的尊重与认同。

（二）教材分析

本单元包含 3 个专题内容。

第一课“形——不需要翻译的世界语”，指导学生运用多种线造型方式，进行图形表意练习，尝试各种风格和绘画主题进行创作，表达思想和情感。

第二课“形的视觉印象”，引导学生发现绘画中形体的表现规律、物象的取舍与不同框架的构图方式，锻炼表达绘画主题的能力。

第三课“形的空间及质感”，让学生掌握绘画中表现空间的基本透视方法与明暗表现的基本技能，进行绘画实践。

教学重点：促进学生对造型上的线、块面、体积、空间透视等多种绘画语言的综合学习。

教学难点：学生运用线条、透视、明暗等方法，基本准确地表现对象的形体、比例、结构、空间关系及人物动态，并进行主题创作。

（三）学情分析

高中学生已具备以自主合作、探究的方式参与美术学习的能力，通过课程学习，学生能够识别绘画作品的形式特征，分析绘画作品的风格特征和发展脉络，理解其蕴含的信息；能够运用多种工具、材料和美术语言，创作具有一定思想和文化内涵的美术作品及其他表达意图的视觉形象。美术作业是联系教师的“教”与学生的“学”的中介，是十分重要的教学环节。美术作业设计于学生而言，是提升美术知识与技能的一个连续过程，有利于加强学生对知识的掌握、材料的使用，促进学生技能的发展，有利于更加综合地运用美术知识解决实际问题。

针对高中生学习压力大，性格、兴趣、爱好、特长各不相同，完成美术作业能力差异大的现状，在选择作业内容上应结合生活兴趣，与教材有效整合。在作业设计中分别体现一定数量的基础知识和基本技能，设置课中和课后完成环节，内容和难度上有梯度变化，可分课时分阶段完成，可选做，可独立完成或小组合作完成，降低学习难度。

作业实施

（一）课时一：“形——不需要翻译的世界语”——多种线造型方式、图形表意练习

活动内容 1： 解读绘画中各种图形意义，学会图形表意，运用多种线造型方式进行图形表意练习。

【活动任务】

（1）分析比较生活中的图文案例，理解图形语言的意义。（导入）

（2）图形的记录功能练习。（用线描绘，快速完成。）（课中）

（3）用不同的线条，借助具象或抽象的形式，记录生活中的各种情绪。（诸如愉快或不愉快的心情，独立完成。）（课中）

【评价要点】初步理解图形表意的基本含义，建立用图形“说话”的绘画意识，即图形表意。

【活动难度】低。

【活动时长】20 分钟。

【设计意图】通过鉴赏活动及对绘画中各种图形意义的解读，学生能初步理解图形表意的基本含义，建立用图形“说话”的绘画意识，即图形表意。

【对标核心素养】图像识读、美术表现。

【作业具体要求】用不同的线条，借助具象或抽象的形式，练习图形记录功能，记录生活。

【作业参考案例】

警示标记

知识营养

成长快乐

诙谐

活动内容 2：运用图形来传达观察与思考结果，获得最基本的图形表达能力。

【活动任务】

（1）用线描绘，图像形象更有说服力。（用线描绘，快速完成。）（课中）

（2）画出线的形态、疏密对比关系，丰富画面层次。（课中）

（3）收集意向图片，为创作主题做储备。（课后）

【评价要点】学生能否用图形来传达自己的观察与思考，完成相应的练习作业，获得最基本的图形表达能力。

【活动难度】低。

【活动时长】20 分钟。

【对标核心素养】美术表现、审美判断。

【作业具体要求】画出线的形态、疏密对比关系，让图像形象更有说服力。

【作业参考案例】

激动

平静

丰收

愉悦

活动内容 3：理解绘画中表现方式、风格与绘画主题之间的关系，借鉴某种表现方式进行图形创作，成功传达自己的观察与思考，表达对生活的感悟。

【活动任务】

（1）赏析体验生动的绘画语言。（课中）

（2）大胆使用辅助材料（含非绘画工具），表达对生活的感悟。（课中）

（3）收集意向图片，为创作主题做储备。（课后）

【评价要点】可否再借鉴某种表现方式根据主题进行图形创作。

【活动难度】中。

【活动时长】25 分钟。

【设计意图】鼓励学生根据主题进行图形创作，综合画面的审美、艺术、创造等方面因素，力求在作业的创造性、生动性、艺术表现力方面进行有弹性、灵活性的评定，成功传达自己的观察与思考，表达对生活的感悟。

【对标核心素养】美术表现、审美判断、创意实践、文化理解。

【作业具体要求】画出线的形态、疏密对比关系，让图像形象更有说服力。

【作业参考案例】

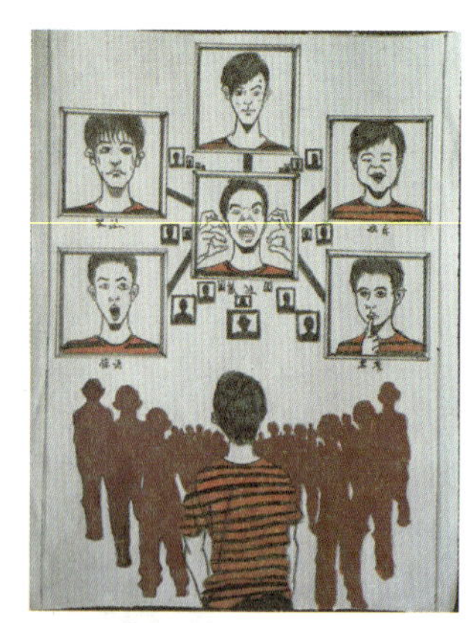

（二）课时二："形的视觉印象"——绘画形体表现规律及构图方式

活动内容 1：理解并掌握构图的基本方式。

【活动任务】

（1）认识形的三种方式：简略的形、完整细致的形、强化处理的形。（导入）

（2）赏析名画《开国大典》，体验构图的运用。（课中）

（3）拼摆静物构图，掌握静物构图 3 种常见形式。（课中）

（4）拼摆实物，进行简单的写生概括练习。（课中）

【评价要点】学生是否认识、理解常见的构图方式，并养成仔细观察、概括提炼形的习惯。

【活动难度】低。

【活动时长】15 分钟。

【设计意图】帮助学生建立绘画中"形"的概念，认识常见的构图方式，基本掌握描绘物象轮廓的绘画技能，并养成仔细观察、概括提炼形的习惯。

【对标核心素养】图像识读、美术表现、审美判断。

【作业具体要求】进行简单的写生概括练习。

【作业参考案例】

活动内容 2：进行静物绘画构图练习。

【活动任务】

（1）临摹一个静物构图，进行小组交流。（课前）

（2）摆放多样（几何石膏）静物，观察记录写生构图方案。（课中）

（3）完成一个静物写生构图，可采用线条、结构、明暗等表达手法。（课中）

（4）深入完成构图，尝试表现静物形体与构图的关系。（课后）

【评价要点】学生是否合理运用构图方式完成静物构图，并采用线条、结构、明暗表达手法丰富画面效果。

【活动难度】中。

【活动时长】25 分钟。

【设计意图】学生通过模仿与借鉴，认识构图与“形”的紧密关系，在描绘“形”的实践中将知识内化成必备的技能。

【对标核心素养】美术表现、审美判断、创意实践。

【作业具体要求】借鉴合理的构图方式，呈现几何石膏或静物结构、形体。

【作业参考案例】

活动内容 3：尝试用不同构图形式，使用媒介和辅助工具，表现生活中美的物象。

【活动任务】

（1）准备自己喜欢的静物、景物等照片。（课前）

（2）构思使用多种媒介和辅助工具进行构图和创作，表现多样视觉效果的作品。（课中）

（3）装裱作品，美化生活。（课后）

【评价要点】学生是否运用多种媒介和手法，合理构图，进行创作。

【活动难度】中。

【活动时长】25 分钟。

【设计意图】学生通过模仿与借鉴，认识构图与“形”的紧密关系，在描绘“形”的实践中将知识内化成必备的技能。

【对标核心素养】美术表现、审美判断、创意实践、文化理解。

【作业具体要求】引导学生逐步养成关注生活中“形”的绘画意识，学会观察，尝试使用多种方法提炼物象的“形”，进行构图创作。

【作业参考案例】

（三）课时三：“形的空间及质感”——绘画空间、明暗表现技法及创作实践

活动内容 1：学习物象的体积形成方法。

【活动任务】

（1）分析解读教材内容、作业案例，获得体积形成知识点。（课中）

（2）认知、练习透视图技法，学习多样空间的呈现。（课中）

（3）学习光影塑造形体方法，在各种物象中得到应用。（课中）

【评价要点】学生是否认识物象的形状起伏、转折、透视、遮挡、明暗等基本知识。

【活动难度】中。

【活动时长】20 分钟。

【设计意图】学生运用合理的叠加、遮挡、空间透视、光影塑造手法，表现物象的内在结构和体积感，增强对空间概念的理解和应用。

【对标核心素养】图像识读、美术表现、审美判断。

【作业具体要求】进行叠加、遮挡、透视图练习。

【作业参考案例】

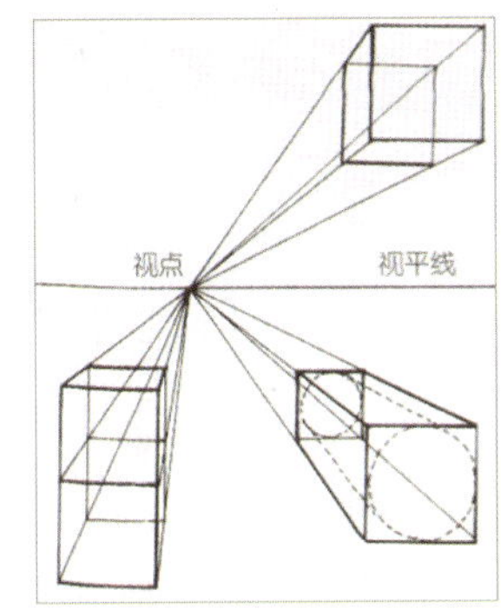

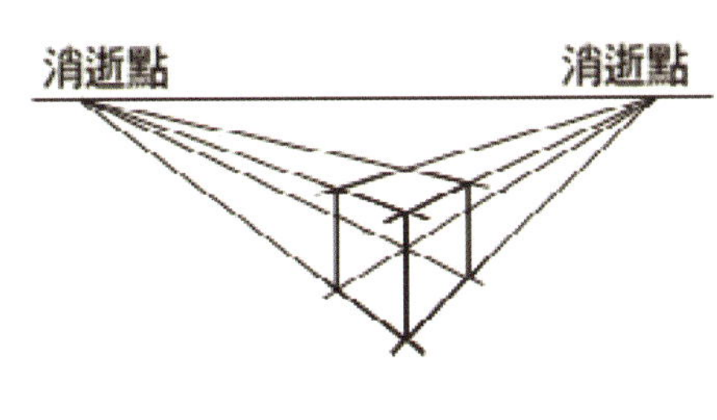

活动内容 2：体积表现方法在几何石膏、静物写生练习中的运用。

【活动任务】（二选一）

（1）运用透视法则，尝试表现富有体积感的几何体或静物。（课中）

（2）运用光影塑造形体，感受光影之美。（课中）

（3）继续优化本节课作业，进行展示。（课后）

【评价要点】学生是否善用结构和明暗方法表现物象，体现黑白灰的节奏美。

【活动难度】中。

【活动时长】25 分钟。

【设计意图】运用合理的叠加和遮挡、空间透视、光影塑造手法，表现物象的内在结构和体积感，增强空间观念的理解和应用。

【对标核心素养】图像识读、美术表现、审美判断。

【作业具体要求】进行静物结构、明暗画法练习。

【作业参考案例】

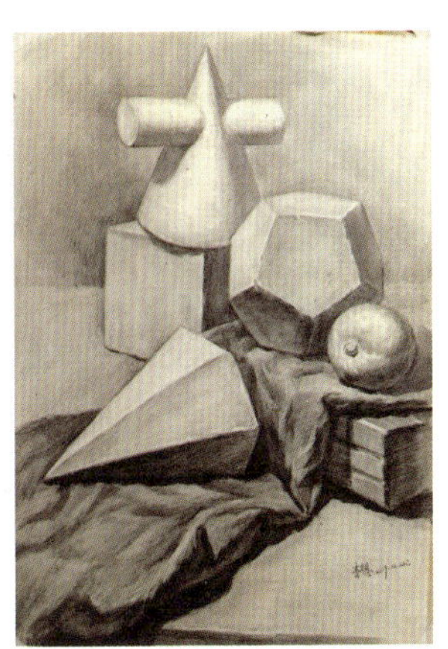

活动内容 3：完成“视觉印象”主题创作。

【活动任务】（独立完成或小组合作、选做）

（1）巧妙运用各种透视方法、表现方式，完成风景主题创作。（课中）

（2）完成不同质感的作品写生。（课中）

（3）尝试素描头像写生练习。（课中）

（4）谈作品创作心得，与同学交流。（课中）

（5）继续优化本节课作业，进行展示。（课后）

【评价要点】学生能否运用多样化的手法进行绘画实践，从审美、艺术、创造层面完成绘画作品。

【活动难度】中高。

【活动时长】25 分钟。

【设计意图】从审美、艺术、创造等层面，有弹性、灵活性地进行分析评定。让学生从生活中感受空间，从而增强对生活的热爱。培养学生积极向上的生活态度。

【对标核心素养】图像识读、美术表现、审美判断、文化理解。

【作业具体要求】尝试多样手法进行风景、静物、人物写生或创作练习。

【作业参考案例】

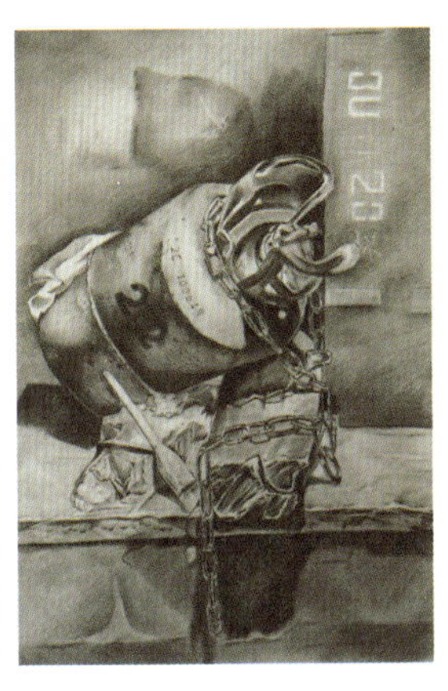

阶段性评价表

班级：高一 2 班	座号：16	姓名：高雨欣
单元课题名称	绘画中的形	
自我评价	第一阶段	第二阶段
	对形体结构不理解，表现比较生硬。	理解了结构和体积的表现方法，观察对象更加仔细，对形体的表现比较得心应手，增强了自信心。
教师评价	第一阶段的作业，学生用笔刻画还是比较认真的，由于不理解空间结构，形体的块面、虚实关系，在造型上显得比较单调。 第二阶段的作业，体现出学生对形体结构的深入理解，利用结构和明暗的方式来表现对象，表现力明显提高。今后可尝试更多对象的写生练习，进一步提高绘画技巧。	

三 总结与点评

作业是联系教师的“教”与学生的“学”的中介，是十分重要的教学环节。美术作业设计于学生而言，是掌握美术知识与技能的一个连续过程，有利于学习过程的系统性和连续性。于教师而言，可以帮助教师建立阶段性教学目标，预设中长期的学习目标；可以多元地开展策略运用、作业设计、教学评价；可更加综合性地运用美术知识解决实际问题。美术作业与课堂教学等一起构成了完整的教学体系，作业设计直接影响着艺术课堂教学的有效性。

针对现有高中生学习压力大，性格、兴趣、爱好、特长各不相同，完成美术作业能力差异大的现状，本次作业设计在一线教学中探索以单元教学为目标，依据中学美术课程标准，以湘美版高中美术绘画模块第一单元“绘画中的形”为案例，从单元作业设计的原则、目标、类型、设计策略、评价等方面进行合理的单元作业框架建构。在作业内容的选择上，以结合学生生活兴趣为先，依托教材有效整合，巧用资源有效融合，分别体现一定数量的基础知识和基本技能，利用评价的方式来检验学生掌握的程度，体现美术教学的原则，甚至包括“创造”与“审美”的要求。

纵观本单元作业设计，为达成促进学生对造型上的线、块面、体积、空间透视等多种绘画语言的综合学习目标，首先考虑为学生提供有趣的模拟情境、实践操作的机会，将课堂教学变为学生的亲身体验。单元作业编排上，实施渐进排序方式，从知道、理解、学会到运用、创造循序渐进，设计一些分别适合不同水平、不同技法、可供选择的作业任务。作业设计包含“基本要求”“具体化”和“可选部分”三部分，与美术作业评价相联系。作业设置课中和课后完成部分，内容和难度上有梯度变化，可分课时分阶段完成，可选做，可独立完成或小组合作完成，降低学习难度。评价方式采用评级、写评语、展示性评价方式，以多种形式激发学生的学习热情，达成学习目标。

综上所述，本单元作业设计，以教材为基础，在单元教学中实施单元作业的教学研究，将教学资源、课程资源和学生资源等融合在一起，将学生对知识技能的学习转化成学习能力和解决问题的能力，强化学生对美术综合学习的连接性和知识系统递进性的认识，在提升综合美术实践能力的同时使学生进入深度学习，在实践层面对高中艺术课程的作业设计进行了一次新的探索。

（点评教师：福州教育研究院　谢赠生）

参考文献：

［1］王大根．基于美术核心素养的大单元教学［J］．中国美术教育，2019（06）．

［2］中华人民共和国教育部．普通高中美术课程标准（2017年版）［M］．北京：北京师范大学出版社，2018.

"小东西　大学问"单元作业设计

课程名称："小东西　大学问"单元作业设计
教材版本：《普通高中教科书 美术 选择性必修 设计》（湘美版）
设计教师：漳州实验中学　吴倩
指导教师：漳州实验中学　蔡锦灯　福州第八中学　柯建

 课程主题概述

（一）核心素养目标

产品创新设计是学生在尝试性的学习活动中，从功能和审美的角度设计作品。本单元作业设计意在通过对设计产品进行欣赏、评价、设计，增强学生对生活的关注、对他人的关爱和社会环保意识，培养学生热爱设计、敢于创新的精神。

单元核心素养目标	
图像识读	通过呈现产品的图像以及实例，让学生感受产品的审美和实用功能。
美术表现	运用对比、欣赏、讨论等方法引导学生进行联想，并能够将创作思维用草图的形式加以呈现，通过分组讨论不断反思、修改并优化作品。
审美判断	学生能够感受产品功能发展和设计过程中所体现的时代意识和人文关怀，用美术语言评价创作意图。
创意实践	学生运用思维导图、发散思维、逆向思维对产品进行创新和创造，培养敢于创新的精神。
文化理解	从文化角度分析不同类别的产品，培养学生关注生活的意识；针对生活物品的功能及创新做出具体评价和建议，培养热爱设计、敢于创新的精神。

（二）教材分析

本单元的教学目标是让学生站在消费者、设计者和销售者等不同角度，参与产品设计活动。学生积极参与产品的设计和改良、材料的运用和创新以及产品的市场营销等活动，在活动中了解产品设计中功能、材料和个性化等基本要素的特性，了解产品设计是提升人们生活品质、拓延人类梦想的重要途径。

第一课"小东西　大学问"，从生活小物品着手，着重引导学生从产品使用功能的角度，尝试探讨产品造型的合理性，提出改进意见，理解生活产品的创新与人们生活需要的

关系。

第二课“人人都是改造家”主要通过“改良”的定义、产品改造创意思维方法、设计思路这三个要点，引导学生发现问题、分析问题、解决问题；通过对人性化设计的意义的阐释，展开对“材料的属性”“材料与心理”“材料与人的社会属性”等问题的探讨和尝试性的学习活动。

第三课“时尚生活”，以“时尚”的定义及趋势为核心内容展开学习。

（三）学情分析

高中学生在经历了初中三年的美术学习后，具有一定的创新设计能力，能从各个方面简要地分析、解读、评价、创新产品。本单元作业设计引导学生从产品使用功能的角度入手，尝试探讨产品造型的合理性，提出改进意见，理解生活产品的创新与人们生活需求的关系。

 作业实施

（一）课时一：初步体验

课前探究

【活动形式】材料收集与整理。

【活动难度】低。

【活动时长】30 分钟。

【活动任务】

（1）寻找身边的生活用品中隐藏的大学问。（创意）

（2）组成合作小组，分工调研生活用品的功能、形式、制作材料。

【对标核心素养】图像识读、美术表现、审美判断。

【评价要点】学生能否通过对生活用品的分析，比较产品的造型、结构和功能。

【设计意图】通过寻找身边的生活用品，让学生感受设计为人服务的大学问。

课中实践

活动内容包括创设情境、讲解、小组讨论、分析、比较、练习、评述等。

1. 创设情境，图像识读。

PPT 展示回形针、瑞士军刀，教师实物展示自己所带的水壶，并与班级学生的水壶相对比。

【设计意图】通过小物品让学生直观地了解好的设计首先要为功能服务，通过实物展示激发学生的课堂兴趣。

2. 基础性教学，阐释产品设计的定义。

简要介绍产品设计是对产品的造型、结构和功能等方面进行综合性的设计，以便生产

制造出符合人们需要的实用、经济、美观的产品。

【设计意图】让学生更好地理解什么是产品设计，为即将进行的产品创新环节做好铺垫。

3. 合作探究，产品创新的相关知识。

（1）什么是创新——实物展示针管记号笔与普通记号笔，并进行对比。

（2）创新的最主要特点——新颖性和具有价值。

（3）关于产品创新设计（分小组讨论）。

举身边实例，讲解朋友设计的儿童榨汁机（此项创新设计曾获第二届“农行杯”创意设计大赛银奖），与普通榨汁机对比讲解。

【设计意图】让学生体会小小设计中的创新大学问，了解创新的目的是让使用者的需求得到满足。

4. 案例赏析，介绍实现创新的几种思维方法。

（1）发散思维：玻璃杯的功能联想。

（2）逆向思维：苍耳——魔术贴。

讲解以上案例的设计灵感来源以及设计原理。

【设计意图】引导学生充分发挥想象力，能针对某一事物进行逆向思考与分析。

5. 思维拓展，产品创新设计对我们的要求。

（1）创造能力与想象能力。

猜一猜：脑筋急转弯。

看一看：看图说出看到了什么？

（2）超常的洞察能力。

看一看：图中两个人哪个看起来比较胖？

玩一玩：找出两张作品的不同之处。

6. 创意实践，提高探索求新能力。

练习范例：以茶杯为例，进行创意设计活动，每位同学设计 2 ~ 3 个茶杯的创意草图。教师在黑板上画出茶杯的图案，学生画出设计步骤，教师巡视，并请同学上台画出演变步骤。

【设计意图】调动学生创新的积极性，激发学生的学习兴趣，考查学生的洞察能力。

课后延伸

【活动形式】交流探讨并改进创意设计。

【活动难度】中。

【活动时长】15 分钟。

【活动任务】学生展示茶杯设计草图，介绍设计创意，并互相提意见与建议。

【对标核心素养】创意实践、审美判断。

【设计意图】引导学生多角度、深层次地关注产品创新设计。

（二）课时二：探究实践

课前探究

【活动形式】创新思维训练、案例探究。

【活动难度】中。

【活动时长】25 分钟。

【活动任务】分组完成。

（1）根据玻璃杯的功能联想（结合书本内容），尝试选择生活中的一样物品进行功能联想，看看哪组的创意最多。

（2）由西瓜进行创意思维训练，创造出一系列的家电、服装等日常用品（从其外形、色彩、功能及质感等几方面或一方面出发进行联想）。

【对标核心素养】图像识读、美术表现、创意实践。

【评价要点】学生的参与性、创新思维、探究实践能力。

【设计意图】通过创新思维训练及案例探究，激活学生的创意思维。

课中实践

【活动内容】工业设计、服装设计、动漫设计。

【活动时长】45 分钟。

【活动准备】大量搜集资料，大胆主动创设教学情境，通过思维导图、联想、发散思维、逆向思维等方式，激发学生主体性，使动手与动脑结合，引导学生主动探究，以洋葱为客体元素，创造出一系列产品。

【活动任务】

1. 创意实践，激发学生设计灵感。

（1）教师出示完整以及切开的洋葱。（如右图 1、图 2）

引导学生从洋葱的外形、色彩、肌理出发，联想与此形态相似的各种产品。如由外形联想到包子，由纹理联想到蚊香、套碗、套娃，由色彩联想到高贵，由气味联想到催泪弹等。

图 1

图 2

（2）教师示范雕刻洋葱的不同形态。

教师对洋葱进行雕刻，学生根据（图 3、图 4、图 5）形态进行联想。如图 5 为雕刻中刻掉的部分，此部分可以用来做洋葱表皮细胞实验，根据洋葱细胞壁的形状进行联想。

图 3

图 4

图 5

（3）欣赏雕刻成果，寻找设计灵感，将扩展的构思及表达进行整理，联想新产品。

图 6

图 7

图 8

图 9

2. 创意实践引导。

联想创意：利用思维导图进行联想，记录并画出草图。

例 1：选取一个设计门类进行联想创意，以服装设计为例。

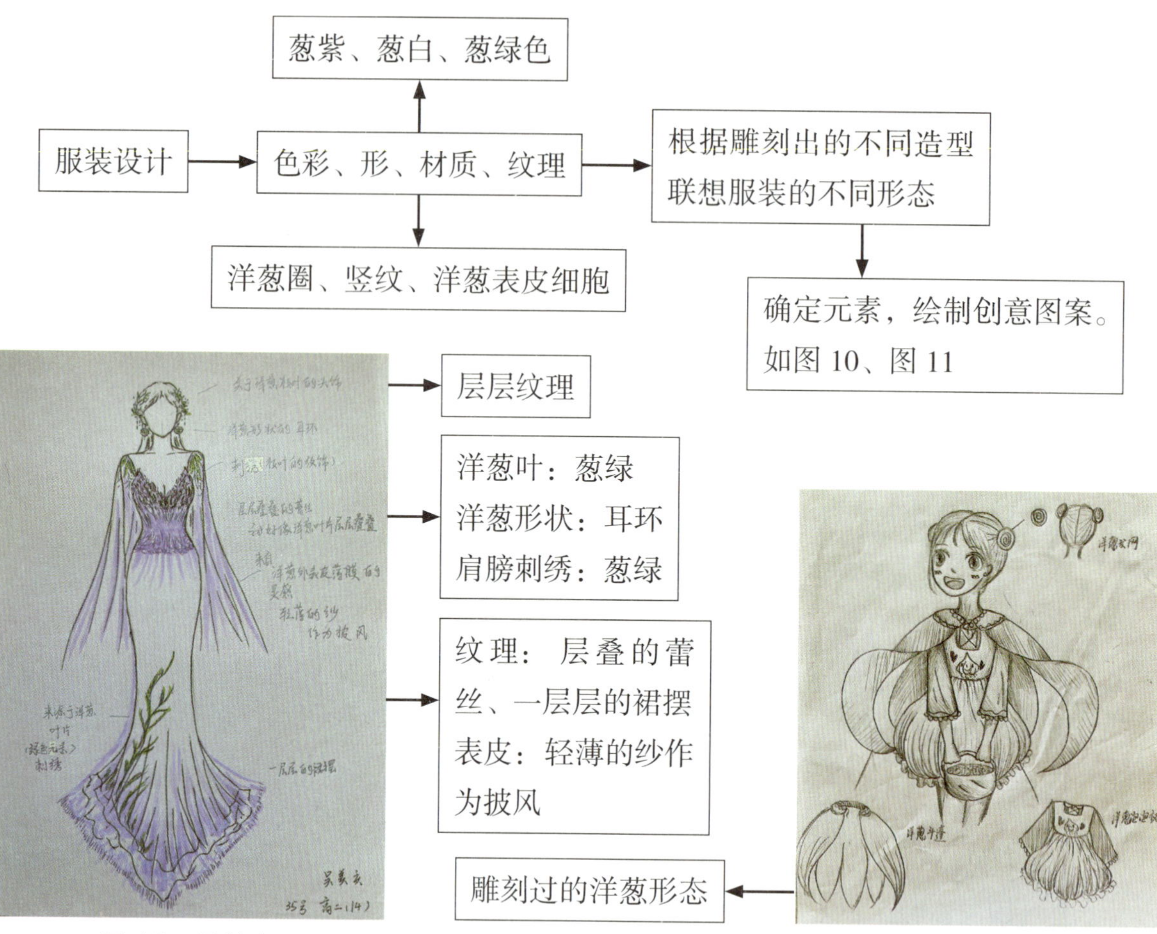

图 10　吴美庆

图 11　何舒晨

3. 尝试创意实践。

请以洋葱为元素，尝试创意设计出工业设计、动漫设计、服装设计等产品。

（1）小组交流讨论后，完成小组合作学习单。

学习单任务：尝试运用思维导图创造新产品。

学习单问题一：你最喜欢用设计的哪个门类设计产品？

学习单问题二：你所设计的产品可以用到洋葱的哪些元素？

（2）学生作业成果展示。

①工业设计类，见图 12、图 13、图 14、图 15。运用洋葱元素，外型灵感源于雕刻的洋葱。

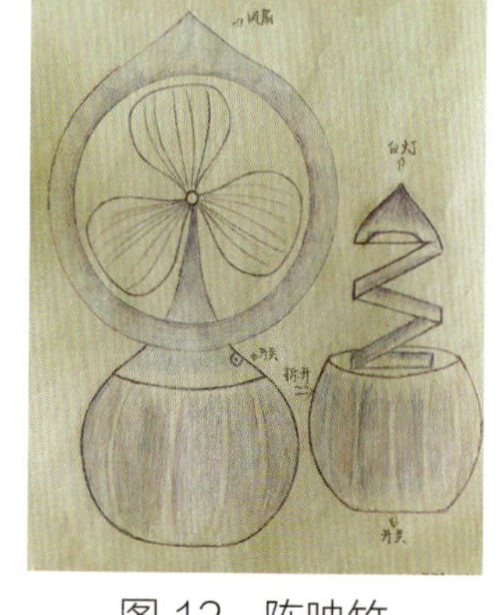

图 12　陈映竹

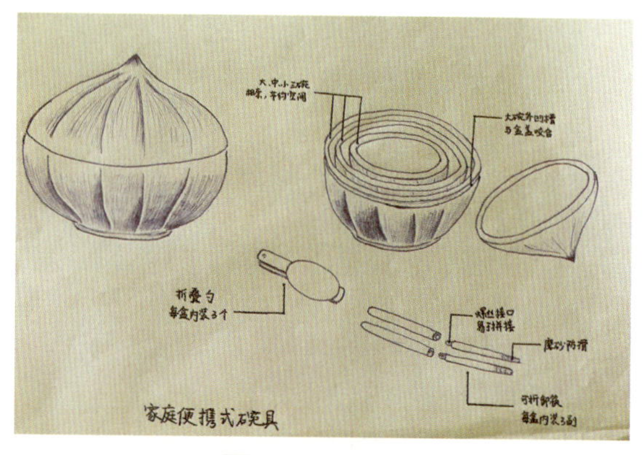

图 13　张泽姗

图 14　林嘉仪

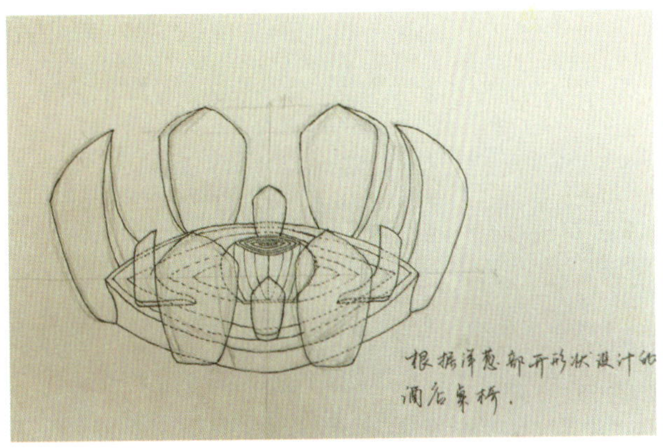

图 15　江慰庭

② 动漫设计类，见图 16。

③服装设计类，见图 17、图 18、图 19。

图 16　刘晨煊

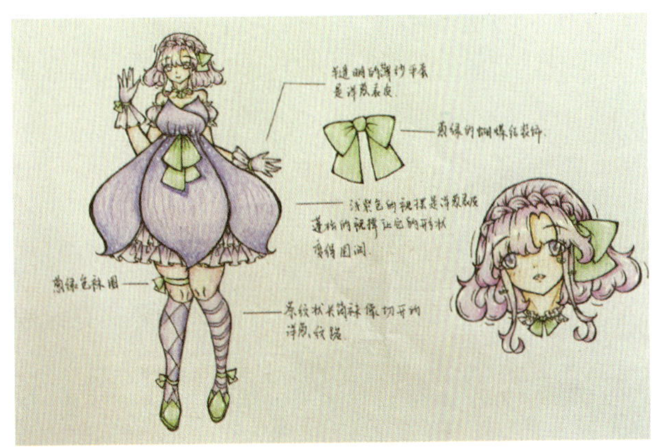

图 17　林畅

图 18　蔡怡琳

图 19　陈芷欣

【设计意图】让学生根据洋葱的外形、色彩、肌理以及雕刻的不同形态联想形似的产品，激发学生创意的兴趣。

课后拓展

【活动形式】小型展览、讲解设计说明。

【活动难度】中高。

【活动时长】35 分钟。

【活动具体要求】

1. 以组为单位对实践作品进行分类。

2. 派代表对作品进行说明讲解。

【对标核心素养】美术表现、审美判断、创意实践、文化理解。

【设计意图】通过举办小型展览活动，学生的创新作品能够得到更好的展示、分享与交流。

【活动评价】

1. 学生自评和互评。

（1）通过对本单元的学习，是否能够初步体验小东西中隐藏的大学问。

（2）在本单元学习中是否积极参加课前、课中、课后的探究活动？在小组活动探究中扮演什么角色？

2. 教师评价。

水平	质量描述
1	1-1 能分析、比较产品设计作品。了解不同产品的设计意图，激发设计思维。 1-2 能从产品功能出发，通过联想和想象进行创意活动，并绘制草图。
2	2-1 能用草图和文字记录创作过程和方法，养成认真、细心的态度。 2-2 能和同学相互交流自己的作品和创作意图，探讨存在的问题，在此基础上修改并优化自己的方案。
3	3-1 能通过发散思维，绘制草图并进行设计说明。 3-2 能够通过小型展览进行展示、分享与交流。 3-3 能够不断反思、修改并优化自己的作品。

三 总结与点评

本课具有较强的思维性、综合性和创造性，涉及内容较广，需要学生增加课内外知识储备量，尤其是工业设计、服装设计、动漫设计等环节。本课抓住核心素养目标及高中生对艺术的认识及思维特点，课前做好充分准备，课中大胆创新，课后成功展示。教师在作业创新设计环节上下大功夫，大量搜集资料，大胆主动创设教学情境，通过探究、讲解、示范、创新等方式，凸显学生主体性，注重动手与动脑相结合，引导学生主动探究，唤醒每个学生潜在的能力，让学生在轻松的氛围中感受小东西蕴含的大学问。

本单元作业设计也存在不足之处：对于绘图能力及创新能力较弱的学生，本作业设计存在一定的难度，应尽量做到通过合理的设计环节，让每一位同学都能感受到小东西蕴含大学问的设计魅力。

针对本单元作业设计进行以下点评。

（一）关于核心素养

图像识读：该教师能够较好地运用比较鉴赏的方法，通过呈现产品的图像及列举身边的实例，分析产品的审美和实用功能。

美术表现：通过 PPT 以及实物展示，引导学生运用多种联想的方式进行联想，并能够将创作思维用草图的形式表现出来，通过分组讨论不断反思、修改、优化作品。

审美判断：该设计能够对美术作品以及现实中的审美对象进行感知，引导学生感受产品功能发展和设计过程中所体现的时代意识和人文关怀。

创意实践：该设计能够运用思维导图、发散思维、逆向思维对洋葱进行创新性解读，引导学生画出不同门类的设计草图，通过交流讨论、反思及修改完成探究实践。

文化理解：本单元作业设计能从文化角度分析不同类别的产品，针对生活物品的功能及创新做出具体评价和建议，培养学生热爱设计、敢于创新的精神。

（二）关于教学评价

教材处理：该设计教学目标明确，引导学生体会产品设计对提升人类生活品质的积极作用，从实用功能、审美功能对产品进行评价，最终达到大胆画出创意设计草图并进行简要说明的目标；在教学内容方面重难点突出，理论联系实际，引导学生多角度、深层次地了解设计；教学结构系统且具有联系性、递进性。

教学设计：该设计教学语言准确、清晰，逻辑严谨，多媒体技术演示讲解与教师示范相结合，通过猜一猜、看一看、玩一玩、练一练等方式，引导学生主动探究，运用思维导图激发学生的想象能力，提高学生进行产品设计的兴趣。

教学方法：本单元作业设计主要用到讲授法、赏析法、讨论法、观察法、练习法以及思维导图法，运用多种方法使学生更加关注设计与生活、自然、时代以及文化的联系。

教学效果：总体而言，本单元作业设计符合本单元知识传授和实践技能掌握的要求，在一定程度上提高了学生的创新设计能力。当然每堂课都会存在缺点，本单元作业设计不足的地方是对于那些绘图及创新能力较弱的同学不甚适合，他们可能有创意，但是画不出来。这个时候可以鼓励他们通过同组合作的方式说出自己的创意，然后请同组同学将大概想法进行绘制，以达到最佳的教学效果。

（点评教师：漳州实验中学　蔡锦灯）

参考文献：

［1］中华人民共和国教育部．普通高中美术课程标准（2017 年版）［M］．北京：人民教育出版社，2018.

［2］洛可可创新设计学院．产品设计思维［M］．北京：电子工业出版社，2016.

附录

福建省中小学美术学科大单元作业设计评选活动名师感言

郑宝珍，厦门市教育科学研究院中学美术教研员，福建省学科带头人，厦门市专家型教师，兼任人教版美术教材编委与培训专家，《中国中小学美术》《中国美术教育》杂志编委，中国教育学会美术教育专业委员会第八届理事会常务理事。

2020年3月，福建省普通教育教学研究室启动了“2020年福建省中小学作业设计评选活动”，由此拉开了美术学科大单元作业设计评选活动的序幕。本次活动要求作业设计内容为单元练习作业，也可以采取活动类作业设计的方式参加展评，突出立德树人根本任务，体现社会主义核心价值观的深刻内涵，凸显对学生理想信念、爱国情怀、品德修养、知识见解、奋斗精神和综合素质等多方面的培育目标。本次活动以“深度学习”理论和“多元智能”理论为指导，突出学生核心素养的发展导向。明确的目标导向、明晰的评价指标，以及县、市、省逐级申报的方式，为全省各地组织与开展基于核心素养导向的美术学科大单元作业设计活动指明了方向。从厦门组织与开展的情况来看，基于大单元的作业设计对一线老师来说，既是一次参与比赛的机会，更是一次践行核心素养大单元教学设计与作业设计的良好契机。为了更好地达到比赛要求，他们改变了传统的单一课时教学设计，仔细研读《普通高中美术课程标准（2017年版）》《追求理解的教学设计》《深度学习》等相关书目，认真揣摩，努力突破传统教学中低层次、碎片化等问题，追求大单元教学设计与作业设计的整体性、相关性、系统性，变“河段思维”为“全流域思维”。

大单元教学与作业设计，是核心素养背景下美术教学的必然要求。它是一种介于课程规划与课时教学设计之间的中观层面的教学设计，是课程实施过程中有效落实学科核心素养的途径和方法。作为一种整合取向的课程开发与实施，它与传统的单元教学在学习目标、知识形态、教学方式、情境任务设计、课程资源利用、教学评价等方面迥然不同，它强调要用“大观念”统摄内容，以情境驱动、问题驱动为特征，要重点研究指向核心素养的单元目标、核心概念、关键问题、评价方式等要素。这对于一线教师来说，需要一个学习、吸收、转化的过程。普通高中新课程能否顺利实施与落地，其中一个非常重要的环节是教师。如何在短期内快速提升教师核心素养导向的课堂教学能力，提升教师大单元教学与作业设计能力，对于各省市来说都是高中新课程实施的重中之重。随着“2020年福建省中小学作业设计评选活动”的开展，特别是本书的出版，我们相信，福建省一线美术教师将通过活动的参与及优秀案例的学习，从整体上统整教学内容、谋划教学方式、优化教学评价，学会确立大目标，设置大任务，确立基本问题，引导学生建构大观念，从而更加精准地理解与把握大单元教学与作业设计，为核心素养的有效落地打下良好的基础。我们期待，福建省的美育之花，将随核心素养的落实践行，更加灿烂地绽放。

黄信贤，福州教育研究院美术科主任，高级教师，中国美术家协会福建分会理事，福州市美术家协会常务理事，福建省首批美育专家库成员，长期从事基础美术教学研究、师资培训及组织师生美术创作活动等工作，个人传略收编于《福建省文艺家辞典》。

作业设计是课堂教学的重要组成部分，既是学生美术学习效果的一种检验，也是教师教学质量的一种体现。长期以来，美术作业设计存在着重点不突出、形式单一等问题，学生对美术作业不感兴趣，作业变成学习的一种负担。针对这一现状，福建省普通教育教学研究室举办了“福建省中小学美术作业设计评选活动”，旨在遴选一批具有新时代特色的、有推广价值的优秀作业设计。活动通知一经发出，得到省内广大美术教师的关注，福州地区的美术教师也积极响应、认真钻研，在市级选拔的基础上选送优秀作品参加省级评选，获得较好的成绩。

在这次与教师们共同研制作业设计的过程中，我感受到如下几个鲜明的特点。

首先，本次作业设计活动关注“以美育人”的落实。习近平总书记强调，要全面加强和改进学校美育，坚持以美育人、以文化人，提高学生审美和人文素养。本次作业设计活动中，教师在深入理解课程标准和准确把握课程内容的基础上，站在时代前沿，拓宽作业设计思路，充分挖掘美术课程所蕴含的丰富的美育思想，把中华传统优秀文化、革命文化、社会主义先进文化融入课堂，并进行多学科间的知识整合，体现了全面发展的育人要求，让学生在掌握知识的同时，核心素养得到进一步提升，突出了立德树人的根本任务。其次，本次作业设计活动凸显了以学生发展为本的理念。作业是学生学习内化的过程，学生积极主动参与作业的过程比被动地完成作业更重要。如何激发学生学习美术的兴趣，让学生在作业练习中感受学习美术的快乐是这次老师们思考较多的问题。教师在作业设计中更加注重趣味性、实践性、情境性和开放性，分层次地设置不同难易度的问题，创设了既有自主探究，也有合作学习的作业方式，并把美术学习与学生生活实际紧密相连，做到知行统一、学以致用，让学生在主动的学习过程中体会到成长的快乐。最后，本次作业设计活动提升了美术教师教学创新的意识。新时代的作业在功能上强调形成性和发展性，内容上突出开放性和探究性，形式上体现新颖性和多样性。从学生发展的角度出发，创新作业形式是这次作业设计的亮点。教师们面向全体学生，创造性地在内容上、形式上设置了多元化、多层次的作业，充分调动了学生的学习主动性，特别是在作业设计中信息技术的深度融入，打破了作业的时空界限，学生的创新思维和创新实践能力得到了充分的发展。

这次作业设计评选活动，激发了广大美术教师对美术教育教学改革的热情。把优秀的作业设计结集出版，既是对老师们努力的肯定，也是立足新时代推动福建省学校美育创新的切实举措。希望这样的活动能持续开展，引发出更多、更好的提质增效的优秀美术作业设计，让美育之花开遍八闽大地。

谢赠生，毕业于福建师范大学美术学院，艺术硕士。任教于福州教育研究院，福建师范大学美术学院兼职副教授、福建华南女子学院客座教授、中国美术家协会会员。

2020年福建省普教室发布了作业设计比赛的通知，福州教育研究院积极响应，同步发布了福州市作业设计比赛的通知。通知发布后，由于是首次举办这样的比赛，美术学科在教研活动中结合作业设计做了多次研讨。我们共收到30多篇中学美术的作业设计，经专家评选，选送10篇到省参评，其中初中5篇，高中4篇，共9篇获评省优秀作业设计。高中作业设计相对更加突出，谢念群老师的“视觉传达设计”单元活动类作业设计，为湘美版《普通高中教科书 美术 选择性必修 设计》第一单元“视觉传达设计”的作业设计。本单元活动类作业设计是基于项目学习的单元教学设计的深化，探索单元活动类设计课时目标、多元的作业内容与形式优化。每节课通过2～3个活动类环节进行有效的作业设计，实现教学目标的达成和课程重难点的有效突破，解决高中美术教学中学生动手实践少的问题。陈臻老师以湘美版《普通高中教科书 美术 选择性必修 绘画》第一单元中的《绘画中的形》为例，从单元作业设计的原则、目标、类型、设计策略、评价等方面，进行合理的单元作业框架建构。在作业内容选择上，以学生的兴趣为先，依托教材进行有效整合，分别体现一定数量的基础知识和基本技能，体现美术和教学的根本追求。

许多老师对于什么是大单元教学并不十分清楚。单元是时间（往往是指向课时），大单元是结构（指向学习内容），大单元指向深度学习，以问题为导向的深度学习，具有几个特点：大整合、大情境、大结构、大迁移、大贯通。为何要指向深度学习？以问题为导向的深度学习，深度不等于难度，深度学习是对于常见的一课一练式学习而言，一课一练只能停留在浅层表面，是蜻蜓点水式学习，点到即止，是简单的知识传授（知识线索），是简单的学科本位的学习。大单元学习是基于核心素养、关键能力培养的学习，是能培养学生思辨能力、创新能力、合作能力、探究能力、学科知识的学习方式。大单元教学，即围绕真实性学习任务开展的，以学科大概念统领下的教学。那么核心素养时代需要什么样的教学设计？课标已经给了答案，从一课一练的教学习惯，转向以学生为主体的主题性研究型教学设计。教师在搞清楚大单元的教学是怎么回事后，才能做好作业设计，理清作业设计在课前、课中、课后的关系。

去年，中共中央办公厅、国务院办公厅印发《关于进一步减轻义务教育阶段学生作业负担和校外培训负担的意见》，此次作业设计评选活动，充分体现了福建省普教室的前瞻性。《核心素养导向的美术大单元作业设计案例》的出版非常及时也非常必要，在“双减”背景下，美术学科的“双增”必定起着非常重要的指导作用，福建的美育会有更美好的明天。

林彤，福州市铜盘中心小学党支部书记、校长，高级教师，福建省小学名校长培养人选，福建省小学美术学科教学带头人，福州市及鼓楼区小学美术学科林彤名师工作室领衔名师。

聚焦教育改革，关注儿童生命成长已成为当下全社会共同关心的话题。站在民族复兴的高度，面向日新月异的未来，面对每一个成长的孩子，福建省美术教育以大单元作业设计为支点，架构主题式大单元、跨学科多领域、指向核心素养、引领学生全面发展的作业设计与应用研究，让立德树人、以美育人落地有声，温润学生生命成长的每一段时光。

本次由福建省普教室牵头，各地纷纷开展的中小学作业设计评选活动，掀起了教师对于学科作业布置的深层次思考，《核心素养导向的美术大单元作业设计案例》的出版，凝结了福建省广大一线美术教师的实践研究成果。

作为福州市铜盘中心小学的校长、福州市名师工作室领衔名师，在组织、指导教师参评过程中，我欣喜地看到在作业设计与应用上，师生们的热情、思考与创意。信息赋能、项目引领、聚焦“双减”……作业不再是一道道脱离生活的题目，而是基于实际应用的生活体验，是基于知识巩固、思维开发、创新能力培养的社会演练场。师生同构课程，跨学科项目化作业《翩翩油纸伞　悠悠闽都情》《福道弯弯伴成长》《美丽的校园》，主题式大单元作业《色彩花园》《巧手剪艺》《红色经典育军魂》等作业设计凸显立德树人、五育并举，关注概念性知识在多学科间的迁移和运用。大单元美术作业不仅仅局限于美术表现层面，更上升到文化理解、情感升华、立德树人的层面，提高学生传承优秀文化的艺术创造力，培养学生的社会责任感。

美术大单元作业设计与应用以核心素养为导向，创设情境，指向问题，以“坚持立德树人，基于课程标准，体现单元意识，创新作业实践”为基本理念，遵循“前置—驱动—延展”的实践路径，引导学生带着经验与问题去学习，寻着生成和创见去探究，向着持续和发展去生长。将学习与未来生活、社会实践相关联，自主架构完整的学习过程，让学生了解学习的意义，提升学习力、协作力。

求木之长者，必固其根本；欲流之远者，必浚其泉源。我省美术大单元作业设计与应用关注美育课堂从“学科学习”到“生命成长”。教育者，非为已往，非为现在，而专为将来。我们践行“以美的教育塑造美的人”的主张，让中华美育为民族未来筑基。

福建师范大学美育研究中心硕博生活动感言

本书的大单元作业设计案例注重发展学生美术表现能力与创造能力，具有游戏性、实践性、探究性、综合性四大特点。首先，在优秀作业设计案例中，教师根据学生的年龄与心理特点，从学生的生活经验出发，设计活泼有趣、直观形象的美术游戏，使学生在生动具体的学习情境中发现美、欣赏美、表达美；其次，教师在作业设计中加入许多与生活、社会相关的元素，让学生通过观察、尝试等活动，加强社会认知，提升社会参与意识，促进学生个体社会化进程；再次，优秀的作业设计案例不仅是对经典美术作品进行模仿，而是重在培养学生有效实践、自主探索与合作交流的能力，因此，在本书的优秀作业设计案例中，教师聚焦培养学生主动探索、实验、思考与合作的意识，使学生在探究实践中感受美术的魅力；最后，该书编录的作业设计形式多样、多彩纷繁，充分展示出作业设计的多元化，能够多层次、多角度地呈现跨学科思维。

（黄佳琦　福建师范大学美育理论研究与实践方向博士）

作业设计连接着学生对知识的探索发现和生活中的实践运用，因此在作业设计的各个环节中，并不是要以具体的标准来给学生分等级，而是引导学生发现与运用知识，把握与思考对阶段性成果，完善学习对课堂的延伸与拓展，从而加深对知识的理解和运用。近年来，人们也逐渐认识到作业在教学过程中扮演着必不可少的角色。此次活动突出了对学生创意个性、团队协作、认知思维的引导，营造了一个多元化的趣味课堂，使学生能在这样的环境下充分激发创造力和想象力，从艺术出发，对我们的生活、自然、社会产生思考。在这些大单元作业设计优秀案例中，我们可以看到以学生为本，建立与自然、自我和社会之间密切联系的全新概念，案例中营造了许多极具创意且有深度的课堂教学情境，最重要的是，具备完整性和递进性，即以单元化的思维进行统整，建立培养起一个系统的创造性的思维方式，以任务驱动的方式令学生聚焦审美感知、图像识读、艺术表现、创意实践与文化理解等艺术核心素养，使学生的人文素养随着学习阶段的延伸实现进阶发展。我看到了核心素养背景下的教育改革工作的进步，也深知我国当下美育工作任重而道远，这些优秀的设计案例为我在美育实践与理论的学习道路上提供了十分宝贵的经验。

（严亚恒　福建师范大学美育理论研究与实践方向硕士）

2021 年，中共中央办公厅、国务院办公厅印发《关于进一步减轻义务教育阶段学生作业负担和校外培训负担的意见》。在“双减”背景下，对作业布置的要求更加明确。美术学科的特性要求作业的设计更加灵活、丰富。在以往的学科教学中，往往将美术作品作为判断学生美术能力的重要标准，而忽视了学生在课堂行为、创作思维、美学素养等方面的表现。作业作为中间媒介，既是学生取得评价的出口，也是教师获得反馈的窗口，大单元的作业设计更是对学生综合能力的把控。建立符合学生认知发展水平的单元活动记录集，能够更加直观地展现学生在学习、探知过程中的经历和体验。优秀的作业设计能够将美术学科以及跨学科的知识与技能，过程与方法，情感、态度、价值观进行整合，促使学生核心素养的形成。

“双减”政策背景下的美术作业设计，应当是对课堂教学的反馈与补充，是引导学生建立学习体系的重要手段，是培养学生健全人格、良好品德的重要途径。在课堂之外，学生应该以探究、发现的态度愉快地完成作业，在老师提供的方式方法下，提升独立思考、分析表达、解决问题等综合素养。书中收录的优秀设计案例中，包含了不同年级、不同地区的作业设计案例，虽然授课对象、教学主题不同，但是教师们不约而同地做到了既关注美术知识和技能的传授，又注重对学生美术学科素养的培养；引导学生在情境中发现问题，运用知识与技能解决问题，增强学生的学习动机与成就感。

（刘珺妍　福建师范大学美育理论研究与实践方向硕士）

教育的目的是培养个体的成长，美育的价值在于突出个体成长历程的完整性、统一性和人格性。美术作业是检验美术教学效果，对学生美术学习情况进行评估的最直接方式。结合美术作业要求，学生将自己对美的理解进行艺术化表达，将学习内容与生活进行二次连接，在创造美的过程中体验美。当学生的感官与外界有了和谐与习惯性联系时，健康的人格体系就会逐渐建立起来。以学生为主体、合作探究式的美术作业，为学生充分享受自由创作提供了契机。学生在完成属于“自我”的任务中，充分调动主观能动性，相互之间积极配合、认真思考，为完成优秀的艺术作品贡献了自己的智慧和力量。同时，学生将自己所获得的设计经验与设计技能运用到未来的美化生活和优化环境中，产生的现实意义和具有实际用途的作品，无一不体现了真实的美术学习效果。本次省级美术学科优秀作业设计案例征集活动，体现了一线老师们的教育观念由单一学科式教学向“本真性的教育指导”转变，重视知识与学生个人生活的链接和单次学习经历的质量，从学习过程对其学科能力进行综合性的弹性评估，而不是以单一化、模式化的硬性指标来评价学生的学习。这一转变顺应了新课标追求真实性学习结果的要求。

（陈丹艺　福建师范大学美育理论研究与实践方向硕士）

2021 年 7 月 24 日，中共中央办公厅、国务院办公厅印发了《关于进一步减轻义务教育阶段学生作业负担和校外培训负担的意见》，其中明确提出要全面压减作业总量和时长。在美术学科中，教育工作者们也不断地对作业设计多元化进行思考。而在此次中小学核心素养背景下的大单元作业设计活动中，教师们立足于大单元课程视角，设计多元化的作业形式，不仅为作业优化设计实践探索提供许多鲜活的经验，也促进了教学实践研究的发展。

在核心素养目标推进的过程中，应试教育的“惯性思维”以及作业这一环节的薄弱是一直存在的问题。在大单元作业设计优秀案例中，我们看到作业设计的内容不仅有学习任务单，还有课堂日志、小组讨论的思维导图、作品说明等，摆脱了传统作业设计的单一化，积极与学生的经验相联系、与现实生活相联系。同时，教师们将作业目标与评价有效结合，在这一过程中，不仅培养了学生的学习迁移能力，也进一步提升了学生的观察、分析、概括能力。如何激发学生的兴趣？如何以学生为中心？这是“双减”背景下教育工作者们共同思考的问题。

在本次大单元作业设计优秀案例中，教师们打破单一学科的局限，以跨学科的思维进行作业设计，帮助学生形成艺术思维，并将这一思维方式运用于现实情境中。我们可以看到这一背后是对作业认知的改变，从以教材为中心走向基于课程目标进行作业设计。通过此次教学活动，我不仅学习了许多优秀老师的宝贵经验，也对美育工作有了更加清晰的认知。

（林珊　福建师范大学美育理论研究与实践方向硕士）

国家出台的“双减”政策，要求全面压缩作业总量和时长，减轻学生过重的作业负担。而另一方面，作业量的减少必然对教师作业设计的质量提出更高要求。在“双减”背景下，教师们更加勇于担当、积极作为，进一步强化教书育人使命和高尚的奉献精神。作为艺术学科的作业，它绝非是机械性的任务，而是教师以提升艺术核心素养为导向，紧扣教学环节，极具针对性、个性化、多样化的作业。艺术技法只是手段，而非最终目标，艺术学科的作业最终要使学生达到情感表达与综合认知的平衡，而不是把每个人都培养成毕加索、凡·高等艺术家的模仿者。通过作业，应使学生们意识到自我评价的重要性，作业并非是完成老师布置的任务，而是学生亲身参与的、有趣的学习过程。作业设计环节紧扣图像识读、审美判断、美术表现、创意实践与文化理解这五大核心素养。单元化教学层层递进深入的同时，每个单元都基于核心素养进行跨学科的弹性学习，陶冶学生性情、提升学生综合素质，使学生们收获乐趣与成长。

作业的个性化，是尊重每位学生性格特点的体现。教师需要提高课堂教学质量，进一步重视与学生的互动关系，把握每一位学生的学习情况、个性特点，收集学生们的意见与诉求，让学生也亲身参与到作业设计的过程中来。教师应教尽教，学生学精学好。

总之，在“双减”政策下，作业减量增效，并非单纯的下猛药，而是下良药，对症下药。

（韩孟琦　福建师范大学美育理论研究与实践方向硕士）